Ihre Arbeitshilfen zum Download:

Die folgenden Arbeitshilfen stehen für Sie zum Download bereit:

Muster:
- Widerrufsformular
- Ordentliche Kündigung des Werkvertrags
- Aufforderung zur Nacherfüllung
- Kostenvorschuss bei Selbstvornahme
- Ersatz der Aufwendungen nach Selbstvornahme
- Minderung des Werklohns

Checklisten:
- Zahlungsplan
- So kann man sich vor einer Insolvenz schützen
- Wie Bauherren bei der Bauabnahme vorgehen

Verträge:
- Werkvertrag
- Bauvertrag
- Verbrauchervertrag

Den Link sowie Ihren Zugangscode finden Sie am Buchende.

Sicherer Umgang mit Handwerkern

Kathrin Gerber/Andrea Nasemann

Sicherer Umgang mit Handwerkern

Für Eigentümer und Vermieter

1. Auflage

Haufe Gruppe
Freiburg · München · Stuttgart

Bibliografische Information der Deutschen Nationalbibliothek

Die Deutsche Nationalbibliothek verzeichnet diese Publikation in der Deutschen Nationalbibliografie; detaillierte bibliografische Daten sind im Internet über http://dnb.dnb.de abrufbar.

Print: ISBN 978-3-648-08303-1 Bestell-Nr. 16033-0001
ePub: ISBN 978-3-648-08305-5 Bestell-Nr. 16033-0100
ePDF: ISBN 978-3-648-08307-9 Bestell-Nr. 16033-0150

Kathrin Gerber/Andrea Nasemann
Sicherer Umgang mit Handwerkern
1. Auflage 2017

© 2017 Haufe-Lexware GmbH & Co. KG, Freiburg
www.haufe.de
info@haufe.de
Produktmanagement: Jasmin Jallad

Lektorat: Text und Design Jutta Cram, Augsburg
Satz: Reemers Publishing Services GmbH, Krefeld
Umschlag: RED GmbH, Krailling
Druck: BELTZ Bad Langensalza GmbH, Bad Langensalza

Alle Angaben/Daten nach bestem Wissen, jedoch ohne Gewähr für Vollständigkeit und Richtigkeit.
Alle Rechte, auch die des auszugsweisen Nachdrucks, der fotomechanischen Wiedergabe (einschließlich Mikrokopie) sowie der Auswertung durch Datenbanken oder ähnliche Einrichtungen, vorbehalten.

Inhaltsverzeichnis

Vorwort		13
1	**Handwerker auswählen und Auftrag erteilen**	15
1.1	Einholen von Angeboten	15
1.2	Abschluss eines Werkvertrags	15
	1.2.1 Auftragsumfang	17
	1.2.2 Fertigstellungstermin	17
	1.2.3 Preisvereinbarung	17
1.3	Kostenvoranschlag	19
1.4	Handwerkerauktionen im Internet	20
2	**Rücktritt, Widerruf, Kündigung: wenn nach Abschluss des Werkvertrags etwas schiefläuft**	21
2.1	Widerrufsrecht für Verbraucher	21
	2.1.1 Außerhalb von Geschäftsräumen geschlossene Verträge	21
	2.1.2 Fernabsatzverträge	22
	2.1.3 Ausnahmen vom Widerrufsrecht	22
	2.1.4 Widerrufsfrist	23
	2.1.5 Informationspflichten der Unternehmer bei Fernabsatz- und außerhalb von Geschäftsräumen geschlossenen Verträgen	24
	2.1.6 Ausübung des Widerrufsrechts	24
2.2	Kündigung des Werkvertrags	25
2.3	Vorgehen bei Terminverzögerungen	27
2.4	Rechte des Unternehmers bei unterlassener Mitwirkung des Bestellers	27
2.5	Schäden am Eigentum des Bestellers	28
3	**Was bei der Zahlung von Handwerkerrechnungen zu beachten ist**	29
3.1	Wann wird die Vergütung fällig?	29
	3.1.1 Zahlungsverzug	29
	3.1.2 Abschlagszahlungen	29
	3.1.3 Verjährung der Ansprüche des Handwerkers	30
	3.1.4 Gewährleistungsbürgschaft	30
	3.1.5 Sicherheiten für den Bauunternehmer	30
3.2	Handwerkerrechnungen prüfen	31
3.3	Tipps gegen Abzocke bei Handwerkernotdiensten	34
	3.3.1 Was vor Auftragsvergabe zu beachten ist	34
	3.3.2 Prüfung der Rechnung	35

4	**Wenn die Handwerkerleistung Mängel aufweist**	39
4.1	Wann liegt ein Mangel vor?	39
4.2	Was bei der Abnahme zu beachten ist	40
	4.2.1 Rechte bei Mängeln	40
	4.2.2 Verweigerung der Abnahme und Vorbehalt	41
4.3	Zur Nacherfüllung auffordern	41
4.4	Mängel durch Selbstvornahme beseitigen	45
4.5	Rücktritt vom Vertrag	47
4.6	Minderung des Werklohns	48
4.7	Anspruch auf Schadensersatz	49
4.8	Verjährungsfristen beachten	50
	4.8.1 Gesetzliche Frist bei arglistigem Verschweigen	51
	4.8.2 Besonderheiten bei vereinbarter VOB	51
	4.8.3 Hemmung der Verjährung	52
4.9	Keine Mängelansprüche bei Schwarzarbeit	53
5	**Bei Streitigkeiten mit Handwerkern: außergerichtliche Streitschlichtung und Gerichtsverfahren**	55
5.1	Streitschlichtungsstellen	55
5.2	Gerichtsverfahren	56
5.3	Mahnverfahren	58
6	**Alt- oder Neubau? – Das sollte beim Kauf einer Immobilie bedacht werden**	61
6.1	Ein gebrauchtes Haus kaufen	61
6.2	Das wird im Kaufvertrag geregelt	62
6.3	Arglistige Täuschung durch den Verkäufer	64
	6.3.1 Spielregeln für den Kaufvertrag	66
	6.3.2 So kann sich der Käufer absichern	68
	6.3.3 Rücktritt vom Vertrag	69
7	**Ein Haus mit einem Bauträger bauen**	71
7.1	Den richtigen Bauträger finden	71
	7.1.1 Schlüsselfertig bauen	72
	7.1.2 Bauunterlagen aushändigen lassen	72
7.2	Bauträgervertrag abschließen	73
	7.2.1 Gewährleistungssicherheit vereinbaren	75
	7.2.2 Einzugstermin festlegen	77
	7.2.3 Die Abtretung der Gewährleistungsansprüche	77
7.3	Der Zahlungsplan	78
7.4	Die Bauhandwerkersicherung	81

7.5	So kann sich der Bauherr auf der Baustelle einbringen		82
	7.5.1	Ein Bautagebuch führen	82
	7.5.2	Eigenleistungen integrieren	82
7.6	Schutz vor Pfusch und Pleiten		86
7.7	Wichtige Versicherungen für Bauherren		87
	7.7.1	Haftpflichtversicherungen	88
	7.7.2	Bauleistungsversicherung	89
	7.7.3	Feuerrohbauversicherung, Baufertigstellungs- und Baugewährleistungsversicherung	89
7.8	Keine gute Idee: Schwarzarbeit		90
7.9	Wenn der Bauträger pleite ist		91
	7.9.1	Die Insolvenz des Generalübernehmers oder Generalunternehmers	92
	7.9.2	Vorsicht vor der Kündigung	92
	7.9.3	Insolvenzen frühzeitig erkennen	93
8	**Planen und Bauen mit einem Architekten**		**95**
8.1	Der Vertrag mit dem Architekten		95
8.2	Das Honorar des Architekten		96
	8.2.1	Die einzelnen Leistungsphasen	96
	8.2.2	Rechnungen prüfen	98
	8.2.3	Schlussrechnung	98
8.3	Dafür haftet der Architekt		99
	8.3.1	Planungsfehler	100
	8.3.2	Fehler bei der Bauüberwachung	100
	8.3.3	Verzögerte Fertigstellung des Baus	101
	8.3.4	Überschreitung der Bausumme	103
	8.3.5	Kostenfehleinschätzung des Architekten bei der Altbausanierung	106
	8.3.6	Rücktritt, Minderung, Schadensersatz	106
8.4	Die Ausschreibung von Bauprojekten		107
9	**Die Bauabnahme**		**111**
9.1	Hilfreich: sachverständige Begleitung von Anfang an		112
9.2	Die konkludente Abnahme		112
9.3	Separate Teilabnahmen		113
9.4	Rechtsfolgen der Bauabnahme		113
9.5	Das Abnahmeprotokoll		114
9.6	Wichtig: regelmäßige Baukontrolle		115
9.7	Wenn Mängel festgestellt werden		116
	9.7.1	Wer haftet bei Baumängeln?	116
	9.7.2	Wie man eine Mängelrüge richtig formuliert	117

	9.7.3	Frist für die Mängelbeseitigung	119
	9.7.4	Beschränkte Haftung des Bauträgers	119
	9.7.5	Mängel richtig rügen	119
	9.7.6	Wie lange muss der Handwerker nachbessern?	121
9.8		Die Abnahme des Gemeinschaftseigentums durch die WEG	122
10		**Instandhaltung und Instandsetzung: So ist der Einsatz von Handwerkern im Mietrecht geregelt**	**125**
10.1		Mängelbeseitigung durch den Vermieter	125
10.2		Gesetzliches Mietminderungsrecht des Mieters	126
	10.2.1	Mietminderung bei Mängeln	126
	10.2.2	Mietminderungsrecht bei Bauarbeiten	127
10.3		Erhaltungsmaßnahmen im Mietverhältnis	128
10.4		Die Modernisierung	129
10.5		Wenn Probleme mit Schimmel auftreten	131
10.6		Kleinreparaturen im Mietverhältnis	134
10.7		Erhaltungspflichten des Nießbrauchsverpflichteten	136
11		**Instandhaltung und Instandsetzung: Das sollten Wohnungseigentümer bei der Beauftragung von Handwerkern beachten**	**137**
11.1		Regelungen für das Sondereigentum	137
11.2		Regelungen für das Gemeinschaftseigentum	138
	11.2.1	Die Durchführung von Maßnahmen	140
	11.2.2	Die Kostenverteilung	141
11.3		Mängel am Gemeinschaftseigentum	142
11.4		Mängel am Sondereigentum	143
12		**Wenn der Nachbar Handwerker bestellt**	**145**
12.1		Das Hammerschlags- und Leiterrecht	146
12.2		Überbau durch Wärmedämmung	148
13		**Energieausweis erstellen lassen**	**151**
14		**Künftige Änderungen im Vertragsrecht**	**153**
14.1		Werkvertragsrecht	153
14.2		Bauvertrag §§ 650a–g BGB-E	154
14.3		Verbraucherbauvertrag, §§ 650h–m BGB-E	156
14.4		Architekten- und Ingenieurvertrag	158
14.5		Bauträgervertrag	159
14.6		Kaufvertrag	159

15	**Handwerkerkosten steuerlich absetzen**	161
15.1	Handwerkerkosten mit Einkünften aus Vermietung und Verpachtung verrechnen	161
15.2	Rechnungen als Werbungskosten geltend machen	162
15.3	Absetzung für Abnutzung (AfA)	163
	15.3.1 Höhe der Abschreibung (AfA)	164
	15.3.2 Erhöhte Absetzungen bei Baudenkmälern und Gebäuden in Sanierungsgebieten im Privatvermögen	165
15.4	Die Abgrenzung von Anschaffungs-, Herstellungskosten und Erhaltungsaufwendungen bei Instandsetzung und Modernisierung von Gebäuden	166
	15.4.1 Anschaffungskosten	166
	15.4.2 Anschaffungsnahe Aufwendungen	167
	15.4.3 Herstellungskosten	168
	15.4.4 Erhaltungsaufwendungen	169
15.5	Haushaltsnahe Dienst- und Handwerkerleistungen absetzen	170
	15.5.1 Haushaltsnahe Beschäftigungsverhältnisse	171
	15.5.2 Haushaltsnahe Dienstleistungen	171
	15.5.3 Begünstigte Handwerkerleistungen	172
	15.5.4 Wohnungseigentümergemeinschaften	176

Stichwortverzeichnis 179

Vorwort

Streit mit Handwerkern – wer kennt das nicht? Egal ob es um defekte Gerätschaften im Haus geht, einen Anbau oder eine Modernisierung: Wer den falschen Handwerker auswählt, kann sich viel Ärger einhandeln. Deshalb kommt es auf den sicheren Umgang mit Handwerkern an. Wer hier seine Rechte kennt, ist auf der sicheren Seite. Der Band behandelt daher alle Rechtsfragen im Zusammenhang mit der Handwerkerleistung: Angebote einholen und vergleichen, den Vertrag richtig abfassen, Handwerkerrechnungen überprüfen, Mängel richtig reklamieren. Schließlich geht es auch darum, wie Streitigkeiten mit Handwerkern beigelegt werden können.

Aber auch wer sich ein Haus oder eine Eigentumswohnung vom Bauträger kauft, sollte sich schlaumachen und Fallstricke im Vertrag erkennen und vermeiden. Wer ein Architektenhaus bauen will, sollte ebenfalls seine Rechte kennen.

Schließlich gibt es auch Rechtsfragen bei Instandhaltungen und Instandsetzungen zu beachten, ebenso im Mietverhältnis, wenn der Vermieter modernisiert oder Probleme mit Schimmel auftreten. Wohnungseigentümer müssen ebenfalls auf Regeln achten, wenn sie im Gemeinschafts- oder im Sondereigentum Mängel beheben wollen.

Handwerkerkosten können auch die Steuerlast senken – dieser Ratgeber sagt Ihnen, wie es geht.

Am Ende finden Sie das neue Bauvertragsrecht mit all seinen Änderungen.

Bei der Modernisierung Ihres Hauses und der Beauftragung von Handwerkern wünschen wir Ihnen nun alles Gute.

Andrea Nasemann und Kathrin Gerber

1 Handwerker auswählen und Auftrag erteilen

Bei der Beauftragung von Handwerkern läuft nicht immer alles nach Wunsch. Manche Firmen führen die Arbeiten mangelhaft aus, halten Termine nicht ein oder verlangen höhere Zahlungen als die vorab veranschlagten. Wer einen guten Unternehmer beauftragt, muss sich später nicht über eine mangelhafte Leistung ärgern und Mängelansprüche geltend machen. Durch die sorgfältige Auswahl des Handwerkers kann sich der Besteller viel Zeit, Ärger und Geld sparen.

1.1 Einholen von Angeboten

Bei der Auswahl einer Handwerksfirma sollte der Besteller nicht nur auf den Preis achten, sondern auch auf die fachliche Kompetenz. Er sollte sich nach Gewerbeschein und Qualifikationsbelegen, zum Beispiel nach Meister- oder Gesellenbrief, erkundigen. Auch persönliche Empfehlungen und Kundenbewertungen im Internet sind oft hilfreich.

Angebotsvergleich
Der Besteller sollte mehrere schriftliche Angebote einholen und diese sorgfältig vergleichen. Jedes Angebot sollte alle wichtigen Positionen wie Arbeitszeit, Fahrt- und Materialkosten enthalten. Bei großen Preisunterschieden ist es wichtig zu überprüfen, ob die Firmen tatsächlich die gleiche Leistung anbieten.

Gibt ein Unternehmer sein Angebot ab, ist er daran gebunden. Nimmt der Besteller es innerhalb der im Angebot gesetzten Frist an, gelten die darin genannten Preise als vereinbart. Ein unbefristetes Angebot muss der Besteller innerhalb einer angemessenen Frist annehmen, damit der Vertrag zustande kommt – in der Regel innerhalb von maximal zwei Wochen.

1.2 Abschluss eines Werkvertrags

Beauftragt der Besteller einen Unternehmer beispielsweise mit der Dämmung des Dachs oder der Reinigung eines verstopften Abflussrohres und bestätigt der Unternehmer den Auftrag, kommt in der Regel ein Werkvertrag nach §631 BGB zustande. Ein Werkvertrag ist ein entgeltlicher gegenseitiger Vertrag. Darin verpflichtet sich der Unternehmer zur Herstellung des versprochenen Werks, das heißt zur Herbeiführung eines bestimmten Arbeitserfolgs für den

Besteller – beispielsweise zur Dämmung der Fassade, zum Einbau einer Heizung oder zur Verlegung eines Parkettbodens. Im Gegenzug ist der Besteller verpflichtet, die vereinbarte Vergütung zu bezahlen.

> **Beispiel**
>
> Werkverträge sind z.B. Reparaturaufträge, Bauverträge, Verträge mit Architekten, die Beauftragung von Schlüsseldiensten sowie die Erstellung von Gutachten.

Ein Dienstvertrag hat zwar ebenfalls eine entgeltliche Arbeitsleistung zum Inhalt. Im Unterschied zum Werkvertrag ist bei einem Dienstvertrag jedoch lediglich das bloße Tätigwerden, das heißt die Arbeitsleistung als solche, geschuldet. Ein bestimmter Arbeitserfolg muss bei einem Dienstvertrag also nicht herbeigeführt werden.

> **Beispiel**
>
> **Winterdienstvertrag: Werkvertrag oder Dienstvertrag?**
> Bei einem Winterdienstvertrag handelt es sich um einen Werkvertrag, aber keinen Dienstvertrag, entschied der Bundesgerichtshof mit Urteil vom 6.6.2013 (VII ZR 355/12).
> Denn Gegenstand eines Werkvertrags könne auch ein durch Arbeit oder Dienstleistung herbeizuführender Erfolg sein (§631 Abs. 2 BGB). Hier sei Vertragsgegenstand die erfolgreiche Bekämpfung von Schnee- und Eisglätte. Der Werkerfolg bestehe maßgeblich darin, dass die Gefahrenquelle beseitigt werde.

Für den Werkvertrag ist keine bestimmte Form vorgeschrieben. Das bedeutet, die Vertragsparteien können ihn sowohl mündlich als auch schriftlich wirksam abschließen. Bei unkomplizierten Arbeiten wird in der Regel ein mündlicher Vertrag genügen. Bei Arbeiten größeren Umfangs oder solchen, die mit einem Risiko verbunden sind, ist allerdings zu empfehlen, den Vertrag schriftlich zu fixieren. Damit lässt sich späteren Beweisschwierigkeiten über den Vertragsinhalt vorbeugen.

> **Tipp**
>
> Der Vertrag mit dem Handwerker sollte immer mindestens folgende Punkte enthalten:
> - einen genau festgelegten Auftragsumfang
> - einen konkreten Fertigstellungstermin
> - eine Vereinbarung über die Vergütung für den Handwerker

1.2.1 Auftragsumfang

Der Handwerker schuldet einen bestimmten Erfolg, zum Beispiel die Reparatur der Heizung oder die Dämmung der Fassade. Es genügt also nicht, dass er lediglich tätig wird. Ist der Erfolg nicht eingetreten, hat der Handwerker seine vertragliche Verpflichtung nicht erfüllt und kann auch keine Bezahlung verlangen. Wichtig ist, dass der Besteller den Umfang der zu leistenden Arbeiten im Auftrag möglichst detailliert festlegt. Besonders bei umfangreichen Aufträgen sollten die Materialien und geschuldeten Arbeiten genau aufgeführt werden.

Anhand eines präzise bestimmten Leistungsumfangs kann der Besteller dann genau beurteilen, ob der Handwerker die geschuldeten Arbeiten tatsächlich erledigt hat. Zudem begrenzt der Besteller seinen Auftrag auf die dort genannten Leistungen. Nicht in Auftrag gegebene Zusatzleistungen muss der Besteller nicht bezahlen. Mit einem eindeutig festgelegten Auftragsumfang kann der Besteller gegebenenfalls beweisen, dass der Unternehmer zur Ausführung bestimmter in Rechnung gestellter Arbeiten nicht berechtigt war.

1.2.2 Fertigstellungstermin

Der Besteller sollte nicht nur den Auftragsumfang eindeutig festlegen, sondern auch einen bestimmten Termin vereinbaren, zu dem der Handwerker die geschuldeten Arbeiten fertiggestellt haben muss. Es ist zu empfehlen, im Vertrag einen bestimmten Zeitpunkt festzulegen, bis zu dem der Unternehmer die Arbeiten erbringen muss, z.B. Fertigstellung bis zum 31. Januar. Dies ist besonders dann anzuraten, wenn von der Fertigstellung auch andere Termine abhängen. Dies kann beispielsweise der Fall sein, wenn der Besteller seine Wohnung nach einer vom Unternehmer durchgeführten Renovierung vermieten will oder andere Unternehmer erst mit ihren Handwerkerarbeiten beginnen können, wenn die vorherigen bereits erbracht sind. Hält der Handwerker den vertraglich vereinbarten Termin nicht ein, gerät er automatisch in Schuldnerverzug, ohne dass der Besteller ihm erst eine Mahnung schicken muss.

1.2.3 Preisvereinbarung

Ist das Werk erbracht, zum Beispiel die Fassade gedämmt oder die Heizung repariert, kann der Handwerker Bezahlung verlangen. Fehlt eine Vereinbarung über die Bezahlung, hat er Anspruch auf die übliche Vergütung (§ 632 Abs. 2 BGB). In diesem Fall werden Reparaturarbeiten in der Regel nach Stundenverrechnungssätzen vergütet. Bei den Handwerksinnungen vor Ort kann der Besteller sich darüber informieren, was üblich ist. Besser ist es allerdings, klare Preisabsprachen zu treffen. Die Vertragsparteien können etwa einen Festpreis, einen Einheitspreis oder einen Stundenlohnsatz vereinbaren.

> **Tipp**
>
> Auf der sicheren Seite ist der Besteller, wenn im Auftrag von vornherein ein bestimmter Festpreis festgelegt ist. Fallen die Arbeiten dann doch teurer aus als gedacht, muss er trotzdem nur den vereinbarten Betrag zahlen. Das Risiko, dass zur Ausführung der Werkleistung mehr Material oder mehr Arbeitszeit erforderlich ist, als ursprünglich kalkuliert, trägt der Handwerker.

Vereinbaren die Parteien einen Einheitspreis, berechnet der Handwerker die Vergütung je Einheit einer in einem Leistungsverzeichnis genannten Teilleistung. Die Gesamtvergütung ergibt sich dann aus dem Einheitspreis und den tatsächlich erbrachten Leistungseinheiten, die durch Aufmaß und Mengenermittlung bestimmt werden. In diesem Fall sind bei Abschluss des Vertrags zwar die Preise für die einzelnen Einheiten bekannt, aber wie viele Einheiten tatsächlich notwendig sind, stellt sich häufig erst bei der Ausführung der Werkleistung heraus. Zu Beginn der Arbeiten steht also noch nicht fest, wie hoch die Gesamtvergütung am Ende ausfällt. Mit dem Einheitspreis sind alle Kosten des Unternehmers abgedeckt. Beispielsweise darf ein zur Bauausführung notwendiges Baugerüst nicht gesondert berechnet werden, sondern muss bei der Kalkulation des Einheitspreises berücksichtigt werden.

Bei einer Bezahlung nach Stundenlohnsätzen besteht das Risiko für den Besteller, dass in den einzelnen Arbeitsstunden eventuell nicht effektiv gearbeitet wird, obwohl der Handwerker zur zügigen Arbeitsweise verpflichtet ist. Der Besteller weiß bei Vertragsabschluss noch nicht, wie viele Stunden der Handwerker zur Ausführung der Arbeiten benötigt und ihm damit zu vergüten sind. Daher ist es zu empfehlen, den Preis pro Arbeitsstunde verbindlich festzulegen und die Stundenzahl nach oben zu begrenzen. Haben die Parteien keine Absprache über die Höhe des Stundenpreises getroffen, ist der Stundenverrechnungssatz zu bezahlen, der ortsüblich ist.

> **Tipp**
>
> Gegenüber Privatpersonen müssen Unternehmer nach der Preisangabenverordnung immer Endpreise einschließlich Mehrwertsteuer (Bruttopreise) angeben. Nachträglich darf der Unternehmer keine Mehrwertsteuer auf den Endpreis aufschlagen, selbst dann nicht, wenn die Mehrwertsteuer nicht gesondert ausgewiesen ist.

1.3 Kostenvoranschlag

Der Kostenvoranschlag ist in der Regel eine unverbindliche vorläufige Schätzung der voraussichtlichen Kosten. Anders als ein Vertragsangebot ist der Kostenvoranschlag demnach für den Unternehmer hinsichtlich Leistungsumfang und Vergütung nicht bindend.

> **Tipp**
> Für den Voranschlag darf der Handwerker kein Geld verlangen, es sei denn, es wurde vorher ausdrücklich vereinbart (§ 632 Abs. 3 BGB). Dies gilt im Allgemeinen auch dann, wenn nur im Kleingedruckten steht, dass Kostenvoranschläge zu vergüten sind, weil solche Klauseln in der Regel unwirksam sind (OLG Karlsruhe, Urteil v. 29.12.2005, 19 U 57/05).

Wenn die Kosten höher ausfallen als veranschlagt
Eine unwesentliche Überschreitung des Kostenvoranschlags muss der Besteller grundsätzlich akzeptieren. Er sollte allerdings auch in diesem Fall überprüfen, ob der Unternehmer für die Kostenüberschreitung eine nachvollziehbare Erklärung hat.

Wird der Kostenvoranschlag wesentlich überschritten, ist der Unternehmer gesetzlich verpflichtet, den Besteller hierüber unverzüglich zu informieren. Als unwesentlich wird von der Rechtsprechung im Allgemeinen eine Kostenüberschreitung von 15 bis 20%, in besonderen Ausnahmefällen sogar 25%, angesehen.

Erkennt der Handwerker schon während der Auftragsausführung, dass der Endpreis wesentlich höher ausfallen wird als veranschlagt, muss er den Besteller so schnell wie möglich darüber unterrichten. Dazu ist er nach der Rechtsprechung in der Regel bei einer Kostenüberschreitung von mehr als 15 bis 20%, in Ausnahmefällen von mehr als 25% verpflichtet.

Der Besteller hat in diesem Fall zwei Möglichkeiten: Er kann den Werkvertrag kündigen, muss jedoch vereinbarte Teilleistungen, die bereits erbracht wurden, bezahlen. Oder er übt sein Kündigungsrecht nicht aus und akzeptiert die Kostenüberschreitung.

Teilt der Handwerker dem Besteller die zu erwartende wesentliche Kostenüberschreitung nicht rechtzeitig mit, muss er mit Schadensersatzansprüchen rechnen.

1.4 Handwerkerauktionen im Internet

Auftraggeber können nicht selten Zeit und Geld sparen, wenn sie nicht selber zeitaufwendig Angebote einholen, sondern ihren Auftrag bei sogenannten Handwerkerauktionen auf Internetportalen vergeben, zum Beispiel bei My-Hammer, Jobdoo, Profis, Blauarbeit oder Work5. Der Auftraggeber gibt dort an, welche Leistung er benötigt, Handwerker geben dazu passende Angebote ab. Dann hat er die Möglichkeit, einer der Firmen den Zuschlag zu erteilen.

Bei Auktionen im Internet sollte man allerdings einige Punkte beachten. Es ist zu empfehlen, das Internetportal sorgfältig auszusuchen. Auf größeren Portalen bestehen in der Regel bessere Chancen, einen qualifizierten und preiswerten Unternehmer zu finden, als auf kleineren Portalen, weil dort in der Regel mehr Handwerker Gebote abgeben und sich gegenseitig unterbieten. Auftraggeber sollten sich vorab auf dem jeweiligen Internetportal über die Rahmenbedingungen der Auktion informieren, da diese teilweise unterschiedlich sind. Während sich der Auftraggeber beispielsweise auf einigen Portalen frei aussuchen kann, welchem Handwerker er den Auftrag erteilt, erhält auf anderen Portalen automatisch der Handwerker mit dem günstigsten Angebot den Auftrag. Nicht auf jedem Portal hat der Auftraggeber die Möglichkeit, seinen Auftrag zurückzuziehen, sondern muss diesen teilweise an den günstigsten Anbieter vergeben. Manche Portale geben vor, dass nur Gewerbetreibende Aufträge ersteigern können, und auf anderen wird dies auch Privatpersonen gestattet. Die Provision für das Internetportal muss in der Regel der Handwerker bezahlen.

! **Achtung**
Auch bei Auftragsvergabe über Auktionen im Internet besteht der Vertrag über die Werkleistung immer direkt zwischen dem Besteller und dem Handwerker. Die Internetportale treten lediglich als Vermittler auf. Der Besteller kann auch hier gegenüber dem Handwerker seine gesetzlichen Mängelrechte geltend machen. Da die Internetportale nur als Vermittler auftreten, haften sie nicht bei mangelhafter Ausführung der Arbeiten.

Der Auftraggeber sollte so genau wie möglich beschreiben, welche Arbeiten wo und wann zu erledigen sind. Auch sollte er sich möglichst für eine Firma in seiner Nähe entscheiden. Sind später Mängel zu beheben, kann sie zügiger reagieren.

! **Achtung**
Bei Abschluss des Werkvertrags über Internetauktionen sind in der Regel die Vorschriften über Fernabsatzverträge anzuwenden, nach denen der Auftraggeber den Vertrag innerhalb von 14 Tagen widerrufen kann.

2 Rücktritt, Widerruf, Kündigung: wenn nach Abschluss des Werkvertrags etwas schiefläuft

Auch wenn der Besteller den Auftrag erteilt hat, stehen ihm bestimmte Rechte zu.

2.1 Widerrufsrecht für Verbraucher

Fernabsatzverträge und außerhalb von Geschäftsräumen geschlossene Verträge können widerrufen werden. Zudem ist dem Verbraucher gesetzlich ein umfangreiches Informationsrecht eingeräumt. Denn seit dem 14.6.2014 gelten neue Regeln im Verbraucherrecht, die sich auch auf das Werkvertragsrecht auswirken. Danach kann der Besteller als Verbraucher einen bereits geschlossenen Werkvertrag unter bestimmten Voraussetzungen innerhalb von 14 Tagen nach Vertragsschluss widerrufen. Gründe muss er hierfür nicht angeben.

Der Verbraucher hat nach §312g BGB also in folgenden Fällen ein gesetzliches Widerrufsrecht gemäß §355 BGB:
- bei außerhalb von Geschäftsräumen geschlossen Verträgen gemäß §312b BGB
- bei sogenannten Fernabsatzverträgen nach §312c BGB

2.1.1 Außerhalb von Geschäftsräumen geschlossene Verträge

Bei außerhalb von Geschäftsräumen geschlossenen Verträgen nach §312b Abs. 1 Nr. 1 BGB handelt es sich um Verträge, die bei gleichzeitiger körperlicher Anwesenheit des Verbrauchers und des Unternehmers an einem Ort geschlossen werden, der kein Geschäftsraum des Unternehmers ist. Hierzu zählen zum Beispiel Verträge, die in einer Privatwohnung oder in einem Restaurant geschlossen werden.

Beispiel
Beauftragt der Besteller in seiner Wohnung eine Handwerksfirma mit einer Treppenrenovierung, so kann er den Werkvertrag mit der Firma wirksam widerrufen. Der Besteller kann in diesem Fall auch die geleistete Anzahlung zurückverlangen, entschied das Amtsgericht Bad Segeberg (Urteil vom 13.4.2015, 17 C 230/14).

2.1.2 Fernabsatzverträge

Fernabsatzverträge sind Verträge zwischen einem Unternehmer und einem Verbraucher über die Erbringung von Handwerkerleistungen, bei denen der Unternehmer und der Verbraucher für die Vertragsverhandlungen und den Vertragsabschluss ausschließlich Fernkommunikationsmittel verwenden, es sei denn, der Vertragsschluss erfolgt nicht im Rahmen eines für den Fernabsatz organisierten Vertriebs- oder Dienstleistungssystems (§ 312c Abs. 1 BGB).

Der Vertrag muss zwischen einem Unternehmer und einem Verbraucher abgeschlossen worden sein. Der Handwerker ist Unternehmer, wenn er in Ausübung seiner gewerblichen oder selbstständigen beruflichen Tätigkeit handelt. Der Besteller ist Verbraucher, wenn er den Vertrag zu privaten Zwecken abgeschlossen hat.

Darüber hinaus müssen der Unternehmer und der Besteller für die Vertragsverhandlungen und den Vertragsabschluss ausschließlich Fernkommunikationsmittel verwendet haben. Fernkommunikationsmittel sind alle Kommunikationsmittel, die zur Anbahnung oder zum Abschluss eines Vertrags eingesetzt werden können, ohne dass die Vertragsparteien gleichzeitig körperlich anwesend sind, wie Briefe, Kataloge, Telefonanrufe, Telefaxe, E-Mails, über den Mobilfunkdienst versendete Nachrichten (SMS).

Die Vorschriften über die Fernabsatzverträge finden nur Anwendung, wenn der Vertrag im Rahmen eines für den Fernabsatz orientierten Vertriebs- oder Dienstleistungssystems abgeschlossen worden ist. Dies ist der Fall, wenn der Unternehmer seinen Betrieb personell und technisch so organisiert, dass Verträge regelmäßig im Fernabsatz abgeschlossen und abgewickelt werden können. Dagegen sind die Regelungen über die Fernabsatzverträge nicht anwendbar, wenn ein Handwerker nur gelegentlich telefonisch Aufträge annimmt und ausführt.

2.1.3 Ausnahmen vom Widerrufsrecht

Zahlreiche Ausnahmen vom Widerrufsrecht finden sich in § 312g Abs. 2 BGB. Kein gesetzliches Widerrufsrecht steht dem Verbraucher zum Beispiel zu,
- wenn der Besteller den Unternehmer ausdrücklich aufgefordert hat, ihn aufzusuchen, um dringende Reparatur- oder Instandhaltungsarbeiten (Notreparaturen) vorzunehmen (§ 312g Abs. 2 Nr. 11 BGB), oder
- bei Verträgen über den Bau von neuen Gebäuden oder erhebliche Umbaumaßnahmen an bestehenden Gebäuden (§ 312g Abs. 2 Nr. 3 BGB). Erhebliche

Umbaumaßnahmen sind hierbei solche, die dem Bau eines neuen Gebäudes vergleichbar sind.

> **Tipp**
> Um keine erheblichen Umbaumaßnahmen im Sinne von § 312g Abs. 2 Nr. 3 BGB handelt es sich z. B. bei der Errichtung von Anbauten, etwa einer Garage oder eines Wintergartens. Gleiches gilt für die bloße Instandsetzung eines Gebäudes, etwa den Einbau einer neuen Heizungsanlage, neuer Fenster und Türen oder die Neueindeckung des Daches. Hier hat der Verbraucher grundsätzlich ein gesetzliches Widerrufsrecht.

2.1.4 Widerrufsfrist

Die Widerrufsfrist beträgt 14 Tage. Sie beginnt grundsätzlich mit Vertragsschluss, also wenn der Vertrag von beiden Vertragsparteien unterschrieben ist. Die Widerrufsfrist beginnt erst zu laufen, wenn der Unternehmer den Verbraucher ordnungsgemäß über sein Widerrufsrecht informiert hat. Wird der Besteller nicht oder nicht vollständig über sein Widerrufsrecht belehrt, erlischt das Widerrufsrecht erst nach 12 Monaten und 14 Tagen nach Vertragsschluss (§ 356 Abs. 3 BGB), wenn der Unternehmer die Widerrufsbelehrung nicht nachholt. Holt er die Widerrufsbelehrung gegenüber dem Verbraucher nach, endet die Widerrufsfrist 14 Tage nach Zugang der nachträglichen Widerrufsbelehrung.

Das Widerrufsrecht erlischt auch dann, wenn der Unternehmer die Handwerkerleistung vollständig erbracht hat und mit deren Ausführung erst begonnen hat, nachdem
- der Besteller seine ausdrückliche Zustimmung gegeben hat, dass der Unternehmer bereits vor Ablauf der Widerrufsfrist mit der Ausführung des Vertrags beginnt und
- gleichzeitig seine Kenntnis davon bestätigt hat, dass er sein Widerrufsrecht bei vollständiger Vertragserfüllung durch den Unternehmer verliert.

Durch den fristgerechten Widerruf wird der abgeschlossene Vertrag gegenstandslos. Der Unternehmer kann nur dann Wertersatz für bereits erbrachte Handwerkerleistungen verlangen, wenn er den Verbraucher vor Vertragsabschluss auf seine Wertersatzpflicht im Falle des Widerrufs hingewiesen hat und der Verbraucher ausdrücklich zugestimmt hat, dass der Unternehmer vor Ablauf der Widerrufsfrist mit der Ausführung der Handwerkerleistung beginnt.

2.1.5 Informationspflichten der Unternehmer bei Fernabsatz- und außerhalb von Geschäftsräumen geschlossenen Verträgen

Bei außerhalb von Geschäftsräumen geschlossenen Verträgen und bei Fernabsatzverträgen ist der Unternehmer verpflichtet, den Verbraucher schon vor Abschluss des Vertrags nach Maßgabe des Art. 246a des Einführungsgesetzes zum Bürgerlichen Gesetzbuch (EGBGB) umfassend zu informieren. Die in Erfüllung dieser Informationspflicht gemachten Angaben werden Vertragsinhalt, es sei denn, die Vertragsparteien haben ausdrücklich etwas anderes vereinbart.

Der Unternehmer muss den Verbraucher bereits vor Vertragsabschluss zum Beispiel informieren über

- wesentliche Eigenschaften der Waren oder Dienstleistungen,
- den Gesamtpreis der Waren und Dienstleistungen, einschließlich der Steuern,
- Liefer- und Versandkosten,
- Zahlungsmodalitäten und
- Widerrufsrechte.

Steht dem Besteller ein Widerrufsrecht zu, ist der Unternehmer verpflichtet, den Besteller über die Bedingungen, die Fristen und das Verfahren für die Ausübung des Widerrufsrechts zu informieren sowie auf das Muster-Widerrufsformular in der Anlage 2 zu Art. 246 a EGBGB hinzuweisen.

2.1.6 Ausübung des Widerrufsrechts

Der Besteller muss den Widerruf ausdrücklich erklären. Aus der Erklärung muss sich eindeutig ergeben, dass der Besteller den Vertrag widerrufen will. Der Widerruf bedarf keiner bestimmten Form und kann daher grundsätzlich auch per Telefon erfolgen. Zur Fristwahrung genügt die rechtzeitige Absendung des Widerrufs. Der Besteller trägt die Beweislast für die Rechtzeitigkeit des Widerrufs. Aus Gründen der Beweissicherung sollte der Besteller den Widerruf deshalb schriftlich, zumindest aber in Textform, also z.B. per Brief, E-Mail oder Fax, erklären. Es ist zu empfehlen, das Muster-Widerrufsformular zu verwenden, das der Unternehmer dem Vertrag beifügt oder auf seiner Website zur Verfügung stellt.

> **Muster für das Widerrufsformular, Anlage 2 (zu Artikel 246a §1 Abs. 2 Satz 1 Nummer 1)**   ARBEITSHILFE ONLINE
> (Fundstelle: BGBl. I 2013, S.3665)
>
> **Muster-Widerrufsformular**
> (Wenn Sie den Vertrag widerrufen wollen, dann füllen Sie bitte dieses Formular aus und senden Sie es zurück.)
> An [hier ist der Name, die Anschrift und gegebenenfalls die Telefaxnummer und E-Mail-Adresse des Unternehmers durch den Unternehmer einzufügen]:
> Hiermit widerrufe(n) ich/wir (*) den von mir/uns (*) abgeschlossenen Vertrag über den Kauf der folgenden Waren (*)/die Erbringung der folgenden Dienstleistung (*):
> Bestellt am (*)/erhalten am (*):
> Name des/der Verbraucher(s)
> Anschrift des/der Verbraucher(s)
> Unterschrift des/der Verbraucher(s) (nur bei Mitteilung auf Papier)
> Datum
> (*) Unzutreffendes streichen.

2.2 Kündigung des Werkvertrags

Der Besteller kann den Werkvertrag grundsätzlich jederzeit ohne Angabe von Gründen kündigen, und zwar solange das Werk noch nicht vollendet ist (§649 BGB). In diesem Fall muss der Besteller dem Unternehmer trotzdem die vereinbarte Vergütung zahlen, allerdings gekürzt um die Aufwendungen, die der Handwerker infolge der frühzeitigen Kündigung gespart hat, zum Beispiel für Material oder Arbeitsstunden. Auch muss der Unternehmer sich dasjenige anrechnen lassen, was er durch anderweitige Verwendung seiner Arbeitskraft erwirbt oder böswillig zu erwerben unterlässt. Als anderweitige Verwendung der Arbeitskraft können zum Beispiel sogenannte Füllaufträge angesehen werden, also wenn wegen der durch die Kündigung frei gewordenen Kapazitäten Ersatzaufträge angenommen werden oder bereits vorliegende Aufträge vorgezogen werden können. Für die böswillige Unterlassung reicht es aus, dass der Besteller einen zumutbaren Ersatzauftrag nachweist und der Unternehmer diesen ausschlägt.

Nach §649 Satz 3 BGB wird vermutet, dass dem Unternehmer 5% der auf den noch nicht erbrachten Teil der Werkleistung entfallenden vereinbarten Vergütung zustehen. Es handelt sich um eine widerlegliche Vermutung. Der Unternehmer kann hierbei einen höheren und der Besteller einen niedrigeren Preis nachweisen.

> ARBEITSHILFE ONLINE
>
> **Muster: Ordentliche Kündigung des Werkvertrags, § 649 BGB**
>
> Absender (Besteller)
> ....
> ....
> ....
>
> *Per Boten*
> Adressat (Unternehmer)
> ....
> ....
> ....
>
> [Datum]
>
> **Vertrag vom ...**
>
> **Kündigung des Werkvertrags vom ... über die Ausführung von ...**
>
> Sehr geehrte/r Herr/Frau ....,
> ich kündige den Werkvertrag vom ... über die Ausführung von ... gemäß § 649 Satz 1 BGB.
> Sie haben bisher noch nicht mit der Ausführung der Arbeiten begonnen, sodass Ihnen bisher keine Aufwendungen entstanden sind. Ihre ersparten Aufwendungen sind von der vereinbarten Vergütung abzuziehen.
> (Alternative bei bereits erbrachten Werkleistungen:
> Für die von Ihnen bisher erbrachten Leistungen werde ich die vereinbarte Vergütung zahlen. Sie haben bisher folgende Leistungen erbracht:
> 1. ....
> 2. ....
> 3. ....
> ....)
> Ich bitte Sie, eine Rechnung über die von Ihnen verlangte Vergütung zu erstellen.
>
> Mit freundlichen Grüßen
>
> Unterschrift

Bei erheblichen Störungen des Vertrauensverhältnisses kommt ausnahmsweise eine Kündigung aus wichtigem Grund infrage, zum Beispiel wenn der Handwerker die Vertragserfüllung endgültig und ernsthaft verweigert oder wenn bereits erbrachte Teilleistungen gravierende Mängel zeigen. Kündigt der Besteller aus wichtigem Grund, muss er nicht die vereinbarte Vergütung entrichten, sondern nur bereits erbrachte Teilleistungen bezahlen, soweit sie für ihn brauchbar sind. Darüber hinaus kann der Handwerker zum Schadensersatz verpflichtet sein. Dass ein wichtiger Grund vorliegt, muss der Besteller beweisen.

2.3 Vorgehen bei Terminverzögerungen

Wird der Handwerker mit seinen Arbeiten nicht rechtzeitig fertig, muss er dem Besteller den durch die Verzögerung entstandenen Schaden ersetzen. Das kann beispielsweise die entgangene Miete sein, wenn der Besteller seine Immobilie nicht wie geplant vermieten kann, weil der Handwerker die Renovierungsarbeiten verspätet beendet hat.

Der Schadensersatzanspruch setzt voraus, dass sich der Unternehmer in Verzug befindet. Hierzu muss der Besteller ihn mahnen, ihn also ausdrücklich auffordern, die Arbeiten innerhalb einer bestimmten Frist zu erledigen. Ausnahmsweise ist eine Mahnung entbehrlich, wenn der Auftrag einen verbindlichen Fertigstellungstermin enthält.

Zudem gilt, dass die Verspätung vom Unternehmer oder von seinem Gehilfen verschuldet sein muss. Ein Verschulden fehlt ausnahmsweise dann, wenn der Handwerker besondere Umstände nachweisen kann, die die Verspätung rechtfertigen. Ein entsprechender Grund kann zum Beispiel eine schwere Erkrankung des Handwerkers sein oder die Tatsache, dass er warten muss, bis andere Firmen ihre erforderlichen Vorarbeiten beendet haben.

Wird der Handwerker nicht rechtzeitig tätig, hat der Besteller sogar die Möglichkeit, aus dem Vertrag auszusteigen: Das Gesetz gewährt in diesem Fall ein Rücktrittsrecht. Dies setzt voraus, dass der Besteller dem Unternehmer zuvor eine angemessene Frist von in der Regel ein bis zwei Wochen gesetzt hat, um den Auftrag zu erledigen, und diese Frist erfolglos verstrichen ist.

Wenn der Besteller vom Vertrag zurücktritt, kann er zusätzlich den Ersatz des ihm durch die Verspätung entstandenen Schadens verlangen, wenn er den Handwerker gemahnt und dieser die Verspätung verschuldet hat.

2.4 Rechte des Unternehmers bei unterlassener Mitwirkung des Bestellers

Dem Besteller obliegt es, bei der Herstellung des Werkes mitzuwirken, soweit dies zur Erbringung der Leistung des Unternehmers erforderlich ist. Welche Handlungen erforderlich sind, richtet sich nach den im Einzelfall zu erbringenden Werkleistungen durch den Unternehmer. Ist der Unternehmer beispielsweise mit der Verlegung von Parkett innerhalb der Immobilie beauftragt, muss der Besteller ihm Zugang zu den Räumlichkeiten verschaffen. Unterlässt der Besteller die erforderliche Mitwirkungshandlung und kommt er hierdurch in Annahmeverzug, kann der Unternehmer

- eine angemessene Entschädigung verlangen (§ 642 BGB). Die Höhe der Entschädigung bestimmt sich einerseits nach der Dauer des Verzugs und der Höhe der vereinbarten Vergütung, andererseits nach demjenigen, was der Unternehmer infolge des Verzugs an Aufwendungen sparen oder durch anderweitige Verwendung seiner Arbeitskraft erwerben kann.
- den Vertrag kündigen. Hierzu muss er dem Besteller eine angemessene Frist zum Nachholen der Handlung setzen mit der Androhung der Kündigung des Vertrags, wenn die Handlung nicht bis zum Ablauf der Frist vorgenommen wird. Nimmt der Besteller die Mitwirkungshandlung dann bis zum Ablauf der Frist nicht vor, gilt der Vertrag als aufgehoben (§ 643 BGB). Bereits erbrachte Leistungen sind dann vom Besteller zu vergüten.

2.5 Schäden am Eigentum des Bestellers

Verursacht der Handwerker bei der Ausführung seiner Arbeiten vorsätzlich oder fahrlässig Schäden am Eigentum des Bestellers, wird beispielsweise der Teppichboden wegen mangelhafter Abdeckung im Zuge von Malerarbeiten verschmutzt, hat der Besteller Anspruch auf Schadensersatz. Der Handwerker haftet auch für Schäden, die von seinen Mitarbeitern bei der Ausführung der Werkleistung verursacht werden.

3 Was bei der Zahlung von Handwerkerrechnungen zu beachten ist

Wann der Handwerker die Rechnung stellen darf, richtet sich zunächst nach der vertraglichen Vereinbarung. Wurde nichts geregelt, kann der Handwerker die Bezahlung verlangen, wenn der Besteller die Arbeiten abgenommen hat (§ 641 BGB).

3.1 Wann wird die Vergütung fällig?

3.1.1 Zahlungsverzug

Hat der Handwerker mangelfrei gearbeitet und ist in der Rechnung kein Zahlungsziel angegeben, muss der Besteller den Werklohn sofort bezahlen. Andernfalls gerät er nach Mahnung mit Fristsetzung durch den Handwerker in Zahlungsverzug. Als Folge kann dieser Zinsen auf den Werklohn verlangen, grundsätzlich in Höhe von 5 % über dem von der Deutschen Bundesbank festgesetzten Basiszinssatz. Auch ohne Mahnung des Handwerkers kommt der Besteller spätestens 30 Tage nach Fälligkeit und Erhalt der Rechnung automatisch in Verzug (§ 286 Abs. 3 BGB), wenn in der Rechnung auf diese Folge hingewiesen wurde.

3.1.2 Abschlagszahlungen

Der Handwerker ist berechtigt, für eine vertragsgemäß erbrachte Leistung eine Abschlagszahlung zu verlangen, sofern der Besteller durch sie einen Wertzuwachs erlangt hat, zum Beispiel wenn der Unternehmer Material gekauft und eingebaut hat (§ 632a BGB). Hierzu hat der Handwerker die Leistungen durch eine Aufstellung nachzuweisen, die eine rasche und sichere Beurteilung der Leistungen ermöglichen muss. Die Höhe der Abschlagszahlungen richtet sich nach dem durch die Leistung bisher erbrachten Wertzuwachs beim Besteller. Der Anspruch gilt auch für angelieferte oder eigens angefertigte Stoffe oder Bauteile, wenn dem Besteller nach seiner Wahl Eigentum an den Stoffen oder Bauteilen übertragen oder eine Sicherheit hierfür gestellt wird.

> **Achtung**
> Hat der Handwerker schlecht gearbeitet, sodass Mängel zu beseitigen sind, kann der Besteller einen angemessenen Teil der Vergütung bzw. des geforderten Abschlags einbehalten: Angemessen ist in der Regel das Doppelte des Betrags, den die Mängelbeseitigung kostet (§ 641 Abs. 3 BGB).

3.1.3 Verjährung der Ansprüche des Handwerkers

Der Anspruch des Handwerkers auf Werklohn verjährt nach drei Jahren. Die Frist beginnt mit Ende des Jahres, in dem der Anspruch entstanden ist.

> **Beispiel**
> Der Besteller hat die Handwerkerrechnung im Februar 2017 erhalten. Die Verjährungsfrist beginnt am 31.12.2017 und endet am 31.12.2020. Danach kann sich der Besteller auf die Einrede der Verjährung berufen und die Zahlung verweigern.

> **Tipp**
> Wer Handwerker beauftragt, kann nicht nur bei vermieteten Wohnungen steuerlich davon profitieren. Auch bei der selbst genutzten Immobilie kann er Handwerkerkosten in Höhe von bis zu 1.200 Euro im Jahr direkt von der Steuer abziehen.

3.1.4 Gewährleistungsbürgschaft

Grundsätzlich gilt, dass die Vergütung erst nach Abnahme der Arbeiten zu zahlen ist. Die Parteien können jedoch abweichende Regelungen treffen. Sie können beispielsweise vereinbaren, dass der Unternehmer dem Besteller eine Gewährleistungsbürgschaft der Bank stellt. In diesem Fall haftet die Bank als Bürge für die Kosten der Beseitigung von innerhalb der Gewährleistungsfrist auftretenden Mängeln, sofern der Unternehmer während der Gewährleistungsfrist insolvent wird.

3.1.5 Sicherheiten für den Bauunternehmer

Hat der Unternehmer bei Bauverträgen seine Werkleistung erbracht und zahlt der Besteller nicht, kann seine wirtschaftliche Existenz gefährdet sein. Das Gesetz ermöglicht dem Bauunternehmer daher, für seine Forderungen aus dem Vertrag die Einräumung einer Sicherungshypothek an dem Baugrundstück des Bestellers zu verlangen (§ 648 BGB). Eine solche Sicherungshypothek kann nur verlangt werden, wenn der Besteller auch Eigentümer des Baugrundstücks ist. Ist das Grundstück jedoch bereits erheblich belastet, stellt eine Sicherungshypothek keine ausreichende Sicherheit für den Bauunternehmer dar.

Alternativ kann der Bauunternehmer unter den Voraussetzungen des §648a BGB vom Besteller eine Sicherheit in Höhe des Wertes seiner zu erbringenden Vorleistungen verlangen. Dies kann beispielsweise in Form einer Bürgschaft erfolgen. Hat der Unternehmer dem Besteller erfolglos eine angemessene Frist zur Leistung der Sicherheit gesetzt, kann er seine Leistung verweigern oder den Vertrag kündigen.

3.2 Handwerkerrechnungen prüfen

Schickt der Unternehmer nach Abschluss der Arbeiten die Rechnung, lohnt es sich für den Besteller, genau hinzuschauen, bevor er bezahlt. Eine Rechnung muss so aussehen, dass sie für den Besteller als Kunden nachprüfbar ist.

Wurde kein Festpreis vereinbart, muss der Besteller anhand der Rechnung nachvollziehen können, welche Leistungen der Handwerker erbracht hat. Hierzu muss die Rechnung verwendete Materialien und Arbeitsstunden auflisten. Wenn der Besteller meint, die Rechnung sei überhöht oder enthalte Positionen, die nicht gerechtfertigt sind, sollte er zunächst nur einen Teilbetrag überweisen und sich hinsichtlich der Kosten, die er nicht nachvollziehen kann, rechtlich beraten lassen.

Stundenlöhne
Bei Abrechnung nach Stunden, dürfen Arbeitszeiten berechnet werden, die erbracht wurden und für einen zügig und wirtschaftlich arbeitenden Handwerkerbetrieb zur Durchführung der Arbeiten notwendig sind. Kommt es zum Streit über die Anzahl der angefallenen Arbeitsstunden, muss der Unternehmer beweisen, wie viele Stunden er geleistet hat. Sind die Stundenzettel vom Besteller nicht gegengezeichnet, führt dies regelmäßig zu Beweisschwierigkeiten des Unternehmers. Es bleibt ihm jedoch grundsätzlich die Möglichkeit, den Umfang der Stundenlohnarbeiten anderweitig nachzuweisen. Dies kann nach dem Urteil des Oberlandesgerichts Hamm vom 8.2.2011 (21 U 88/10) durch Vorlage von Rapportzetteln in Verbindung mit Zeugenvernehmungen hierzu geschehen. Der Beweis für den Umfang der Stundenzahl sei geführt, wenn sich aus den Rapportzetteln jeweils das Datum, die beteiligten Mitarbeiter, die auf die einzelnen Mitarbeiter entfallene Stundenanzahl sowie die durchgeführten Arbeiten ergeben und Zeugen diese Angaben bestätigen.

Die einzelnen Stunden muss der Handwerker genau abrechnen. Überwiegend als zulässig angesehen wird eine Aufrundung um zehn Minuten auf eine volle Viertelstunde. Manche Gerichte beschränken das Aufrunden sogar auf volle fünf Minuten. Eine Klausel in den allgemeinen Geschäftsbedingungen, dass angefangene halbe Stunden auf volle halbe Stunden aufgerundet werden, ist unwirksam (LG Düsseldorf, Urteil vom 23.3.1988, 12 O 292/87). Pausen dürfen nicht mitgerechnet werden.

Unterschiedlich qualifizierte Arbeitskräfte

Für unterschiedlich qualifizierte Arbeitskräfte darf nicht der gleiche Stundenverrechnungssatz verlangt werden. Auszubildende dürfen nur dann berechnet werden, wenn sie selbstständig mitarbeiten oder den Handwerker bei seiner Arbeit aktiv unterstützen. Schaut der Auszubildende dem Handwerker dagegen nur zu, muss der Besteller nur den Handwerker bezahlen. Die Vergütung des Auszubildenden richtet sich nach dem Lehrjahr und beträgt nur einen Prozentsatz des Stundenlohns eines jeweiligen Facharbeiters bzw. Gesellen. Dabei können im Allgemeinen folgende Richtwerte herangezogen werden:

- im 1. Lehrjahr: bis zu 45% des Stundenverrechnungssatzes eines jeweiligen Facharbeiters bzw. Gesellen
- im 2. Lehrjahr: bis zu 55%
- im 3. Lehrjahr: bis zu 65%
- im 4. Lehrjahr: bis zu 75%

Zwei Monteure anstelle von einem

Schickt der Unternehmer für einen einfachen Reparaturauftrag zwei Handwerker, obwohl die Reparatur leicht nur von einem hätte ausgeführt werden können, muss der Besteller dies nicht akzeptieren. Er muss dann nur einen bezahlen. Zwei Arbeitskräfte sind ausnahmsweise notwendig, wenn beispielsweise Werkzeug oder Ersatzteile anzureichen sind oder eine Arbeit zu zweit aus Sicherheitsgründen erforderlich ist.

Fahrt- und Wegezeit

Kosten für Fahrt- und Wegezeit dürfen in Rechnung gestellt werden. Hierunter versteht man die An- und Abfahrtskosten. Üblicherweise setzt der Handwerker hierfür einen um 10% niedrigeren Betrag als für eine gewöhnliche Arbeitsstunde an. Eine Klausel in den allgemeinen Geschäftsbedingungen, dass Fahrtzeiten wie Arbeitszeiten berechnet werden, hat der Bundesgerichtshof für unwirksam erklärt (BGH, Urteil vom 5.6.1984, X ZR 75/83). Wird für Fahrtzeit und Arbeitszeit der gleiche Betrag verlangt, sollte der Besteller dies nicht hinnehmen. Allerdings entscheiden die Gerichte in solchen Fällen uneinheitlich, sodass man es besser nicht auf einen Gerichtsprozess ankommen lassen sollte. Besser ist es, bereits bei der Auftragserteilung darauf zu achten, dass der Wert für die Fahrt- und Wegezeit niedriger angesetzt wird als für die Arbeitszeit.

> **Beispiel**
> Nach einer Entscheidung des Oberlandesgerichts Düsseldorf (Urteil vom 28.2.2012, I-23 U 59/11) ist es nur bei Kurzaufträgen üblich, die An- und Abfahrt gesondert zu berechnen. Gehe es um Werkleistungen, die in ein oder zwei Stunden durchgeführt werden könnten, übernehme der Auftraggeber in der Regel die Fahrtkosten, selbst dann, wenn sich die Baustelle am gleichen Ort befinde wie das Handwerksunternehmen. Bei umfangreicheren Aufträgen, die sich über einen längeren Zeitraum erstreckten, gehe man aber davon aus, dass der Unternehmer die Fahrtkosten beim Preis für seine Werkleistung bereits einkalkuliert habe.

Steuert der Unternehmer bei einer Tour mehrere Auftraggeber an, muss er die Fahrtkosten unter den Kunden anteilmäßig aufteilen. Hat der Handwerker zusätzliche Fahrtkosten, weil er Werkzeug oder Materialien vergessen hat, geht dies auf sein Konto.

Fahrzeugkosten
Der Handwerker darf auch Fahrzeugkosten berechnen. Diese sind von den Kosten für Fahrt- und Wegezeit zu unterscheiden. Bei Fahrzeugkosten handelt es sich um Kosten für die Anschaffung und Unterhaltung des Fahrzeugs, Pkws oder Lkws, des Handwerkbetriebs. Hierfür darf der Handwerker auch eine Pauschale verlangen (BGH, Urteil vom 19.11.1991, X ZR 63/90). Setzt der Handwerker eine Fahrzeugkostenpauschale auf die Rechnung, sollte der Besteller versuchen, mit ihm über die Streichung zu verhandeln. Die Kosten entstehen dem Betrieb auch ohne den konkreten Auftrag und sollten über die Stundensätze verrechnet werden.

Beschädigte Werkzeuge
Für Werkzeuge und Maschinen, die der Handwerker bei Reparaturarbeiten zerstört oder beschädigt, muss der Handwerker selbst aufkommen. Diese dürfen dem Besteller nicht berechnet werden. Denn die Gefahr für eingesetzte Arbeitsgeräte trägt der Unternehmer, entschied das Oberlandesgericht Schleswig (Urteil vom 2.12.1998, 9 U 143/97).

Hat der Handwerker vorab mit dem Besteller einen Festpreis vereinbart, darf er nur diesen in Rechnung stellen. In dem Fall muss die Rechnung nicht detailliert in einzelne Positionen aufgeschlüsselt sein.

! **Achtung**

Einen Skontoabzug darf der Besteller nur dann vornehmen, wenn dies ausdrücklich vereinbart wurde.

! **Tipp**

Rechnungen und Zahlungsbelege sowie andere beweiskräftige Unterlagen im Zusammenhang mit Handwerkerarbeiten an einer Immobilie oder einem Grundstück müssen auch Privatpersonen mindestens zwei Jahre aufbewahren (§ 14b Abs. 1 UStG). Die Aufbewahrungsfrist beginnt mit Ende des Jahres, in dem die Handwerkerrechnungen ausgestellt wurden.
Es ist allerdings zu empfehlen, die Unterlagen ggf. länger, und zwar für die Dauer der Verjährungsfrist der Mängelansprüche aufzubewahren. Bei eventuellen Streitigkeiten können diese dann als Nachweis dienen. Für Arbeiten an einem Bauwerk gilt beispielsweise eine fünfjährige Verjährungsfrist. Entsprechend lang sollten die dazugehörenden Unterlagen verwahrt werden.

3.3 Tipps gegen Abzocke bei Handwerkernotdiensten

Zugeschlagene Haustüren, verstopfte Abflussrohre, defekte Heizungen: In solchen und ähnlichen Lagen soll ein Handwerker möglichst schnell wieder alles in Ordnung bringen. Doch vor allem nachts, feiertags oder an Wochenenden kann der Einsatz von Handwerkernotdiensten teuer werden. Denn manche Firmen nutzen die Stresssituation des Kunden aus und kassieren überhöhte Preise. Wie kann man sich gegen unseriöse Notdienste wappnen?

3.3.1 Was vor Auftragsvergabe zu beachten ist

Der Besteller sollte möglichst eine Firma in seiner Nähe aussuchen, um die Anfahrtskosten gering zu halten. Auch sollte er nur Handwerker beauftragen, die Mitglied in einem Fachverband sind. Im Voraus am Telefon sollte er nach dem Preis inklusive Mehrwertsteuer und Anfahrt fragen und möglichst schriftlich, per Fax oder E-Mail einen Festpreis vereinbaren. Im Nachhinein darf der Notdienst dann keine höhere Vergütung als den Festpreis verlangen.

! **Tipp**

Legt der Mitarbeiter des Notdienstes dem Besteller ein Formular zur Auftragserteilung vor, sollte er dieses auf keinen Fall unterschreiben. Darin sind oft umfangreiche Preislisten enthalten, die er mit seiner Unterschrift akzeptiert. Hat der Besteller einmal unterschrieben, stehen seine Chancen schlecht, wenn er gegen überhöhte Preise vorgehen will.

Findet der Besteller nachts, feiertags oder am Wochenende keinen Notdienst zu einem angemessenen Preis, sollte er möglichst den nächsten Tag abwarten. Dann kann er eine ortsansässige Firma beauftragen, ohne dass Feiertags- bzw. Nachtzuschläge oder lange Anfahrtszeiten bezahlt werden müssen.

3.3.2 Prüfung der Rechnung

Ist kein Festpreis vereinbart, sollte der Besteller die einzelnen Rechnungspositionen sorgfältig überprüfen:

- Für Nacht- und Wochenendeinsätze sind Zuschläge rechtlich zulässig. Üblich sind Aufpreise von 50 bis 70 %. Allerdings darf der Zuschlag nicht auf die gesamte Handwerkerrechnung erhoben werden, sondern nur auf die Arbeits- und Wegezeiten. Ein Aufpreis auf Material ist dagegen nicht zulässig.
- Ein Schlüsseldienst ist nicht berechtigt, neben den üblichen Zuschlägen für Nacht- und Wochenendeinsätze einen »Sofortzuschlag« für unverzüglichen Einsatz zu verlangen, wenn in der Anzeige ohnehin mit 24-Stunden-Service geworben wird (Amtsgericht Frankfurt, Urteil vom 24.2.2006, 31 C 63/98-44). Auch »Pkw-Bereitstellungskosten« sowie »Spezialwerkzeugkosten« darf ein Schlüsseldienst nicht gesondert in Rechnung stellen.
- Werden auf der Rechnung Spezialwerkzeuge genannt, beispielsweise im Rahmen der Beauftragung eines Rohrreinigungsdienstes Spezialkameras oder Hochdruckspülgeräte, die nicht verwendet wurden oder deren Einsatz überflüssig war, kann der Besteller die Rechnung um diese Positionen kürzen. Eine Klausel in den allgemeinen Geschäftsbedingungen, die vorsieht, dass Spezialgeräte immer berechnet werden, auch wenn sie nicht zum Einsatz kamen, ist unwirksam, entschied das Oberlandesgericht Stuttgart (Urteil vom 6.5.1988, 2 U 157/87).
- Wirbt ein auswärtiger Notdienst im örtlichen Branchenverzeichnis, darf er nach der Rechtsprechung nur innerörtliche An- und Abfahrtskosten berechnen (Amtsgericht Duisburg, Urteil vom 5.6.1990, 3 C 125/89).
- Hat der Handwerker den Auftrag nicht erfüllt, das verstopfte Rohr zum Beispiel nicht freibekommen, muss der Besteller ihn nicht bezahlen. Eine Klausel in den allgemeinen Geschäftsbedingungen »Bei Abbruch der Arbeit berechnen wir den bis dahin entstandenen Aufwand gemäß Preisliste« ist unwirksam (LG München, Urteil vom 1.2.1990, 7 O 13463/89).
- Liegt die Rechnung weit über dem üblichen Preis und nutzt der Unternehmer eine Zwangslage des Bestellers aus, handelt es sich um Wucher. In diesem Fall ist der zugrunde liegende Vertrag sittenwidrig und unwirksam. Der Besteller schuldet dann nur die übliche Vergütung, die bei der Handwerkskammer vor Ort erfragt werden kann.

In einem vom Amtsgericht München zu entscheidenden Fall hatte eine Hamburgerin für das drei Minuten dauernde Öffnen einer Wohnungstür rund 180 Euro bezahlt und anschließend gegen den Handwerker auf Rückzahlung geklagt. Das Gericht verurteilte den Handwerker zur Rückzahlung von ca. 140 Euro. Denn nur 40 bis 50 Euro seien angemessen. Da der Schlüsseldienst mehr als das Doppelte verlangt habe, handle es sich um Wucher, so das Gericht. Leistung und Gegenleistung stünden in krassem Missverhältnis. Damit sei der Vertrag sittenwidrig und nichtig (Urteil vom **27.8.2004, 141 C 27160/03**).

Wucher bzw. Sittenwidrigkeit des Vertrags nahmen die Gerichte in der Vergangenheit beispielsweise auch an, wenn die Türöffnungskosten den Durchschnittspreis um fast 200% überschreiten (Amtsgericht Bergisch Gladbach, Urteil vom 16.12.2013, 68 C 404/13). Gleiches gilt bei Türöffnungskosten in Höhe von 520 Euro anstatt dem angemessenen Preis von 200 Euro (Amtsgericht Hamburg Altona, Urteil vom 28.6.2010, 316 C 340/09) oder wenn der Schlüsseldienst Türöffnungskosten in Höhe von 718 Euro anstelle des angemessenen Preises von 278 Euro verlangt (Amtsgericht Frankfurt/Main, Urteil vom 23.2.2006, 31 C 3075/05-44).

Unseriöse Schlüsseldienste, die bei der Notöffnung möglichst viel beschädigen, um anschließend überhöhte Kosten geltend zu machen, machen sich wegen Betrugs und Wucher strafbar, urteilte das Landgericht Bonn (Urteil vom 5.5.2006, 37 M 2/06). Bei Ankündigung, das neue Schloss bei Nichtbezahlung der Rechnung gleich wieder auszubauen, sei auch der Tatbestand der Nötigung erfüllt.

Eine überzogene Festpreisvereinbarung, die mit einem Elektronotdienst unter Ausnutzung der Zwangslage des Kunden zustande gekommen ist, beurteilte das Amtsgericht Duisburg als sittenwidrig und nichtig. Der Elektronotdienst hatte vor der Reparatur eines defekten Durchlauferhitzers ein Formular unterschreiben lassen, wonach der Kunde rund 120 Euro für die Reparatur zahlen sollte. Die Reparatur des Geräts dauerte dann nur 30 Minuten. Der Preis stehe in auffälligem Missverhältnis zu der Leistung des Elektronotdienstes. Die Festpreisvereinbarung war damit sittenwidrig und nichtig (Urteil vom 5.6.1990, 3 C 125/89).

! **Tipp**
Beauftragt der Besteller den Notdienst telefonisch, liegt ein Fernabsatzgeschäft vor. Dieses kann der Besteller ohne Angabe von Gründen widerrufen, wenn dann doch kein Bedarf für den Notdienst besteht (Näheres hierzu siehe »Rücktritt, Widerruf, Kündigung: Wenn nach Abschluss des Werkvertrags etwas schiefläuft«).

Wenn die Arbeit getan ist, sollte der Besteller den Notdienst auf keinen Fall bar bezahlen, sondern immer eine schriftliche Rechnung verlangen. Zur Barzahlung ist er nicht verpflichtet, es sei denn, dies wurde bei Auftragserteilung ausdrücklich vereinbart. Ungültig ist eine pauschale Klausel im Kleingedruckten, nach der Rechnungen sofort beim Monteur zu zahlen sind (OLG Köln, Urteil vom 29.3.1996, 6 U 68/95, WuM 1997, 190).

> **Tipp** !
> Wer Handwerker beauftragt, kann nicht nur bei vermieteten Wohnungen steuerlich davon profitieren. Auch bei der selbst genutzten Immobilie kann er Handwerkerkosten in Höhe von bis zu 1.200 Euro im Jahr direkt von der Steuer abziehen. Hierbei akzeptiert das Finanzamt keine Barzahlungen oder Quittungen. Vielmehr verlangt es neben der Rechnung auch einen Überweisungsbeleg.

4 Wenn die Handwerkerleistung Mängel aufweist

Hat der Handwerker schlecht gearbeitet, kann sich der Besteller auf eine Vielzahl von Rechten berufen. Denn der Unternehmer ist verpflichtet, seine Arbeit fehlerfrei abzuliefern (§ 633 Absatz 1 BGB). Die Pflicht zur mangelfreien Leistung ist eine vertragliche Hauptpflicht des Unternehmers. Das heißt, das Ergebnis muss so ausfallen, wie mit dem Besteller vereinbart oder wie es üblich ist und erwartet werden kann.

4.1 Wann liegt ein Mangel vor?

Wann von einem Mangel auszugehen ist, ergibt sich aus § 633 Abs. 2 BGB. Unter einem Sachmangel ist jede Abweichung der Ist- von der Sollbeschaffenheit zu verstehen (BGH, Urteil vom 21.9.2004, X ZR 244/01). Für die Annahme eines Sachmangels kommt es danach in erster Linie auf eine zwischen den Parteien getroffene Beschaffenheitsvereinbarung an. So liegt ein Sachmangel vor, wenn das Werk nicht die vereinbarte Beschaffenheit hat. Entspricht das Werk dagegen der im Vertrag festgelegten Beschaffenheit, ist kein Sachmangel gegeben. Unter Beschaffenheit versteht man die Gesamtheit der geschuldeten Leistungen sowie die Ausführungsart. Hierzu zählt zum Beispiel der Qualitätsstandard, die Größe oder die Farbe eines Werks. Ein Sachmangel liegt auch vor, wenn das Werk nicht die von den Parteien beabsichtigte Funktion erfüllt (BGH, Urteil vom 8.11.2007, VII ZR 183/05).

> **Beispiel**
> Gibt ein Immobilieneigentümer bei einem Fachunternehmen eine Kellerabdichtung gegen aufsteigende Feuchtigkeit in Auftrag, schuldet der Unternehmer auch dann die dauerhafte Trockenlegung des Kellers als Leistungserfolg, wenn im Werkvertrag eine bestimmte Ausführungsart, hier Injektionsverfahren, vereinbart wurde (OLG Brandenburg, Urteil vom 13.2.2014, 12 U 133/13).

Soweit eine Beschaffenheitsvereinbarung im Werkvertrag fehlt, ist ein Sachmangel nach § 633 Abs. 2 Satz 2 BGB anzunehmen, wenn sich das Ergebnis nicht zur vertraglich vorausgesetzten Verwendung eignet. Wurde eine solche nicht vereinbart, liegt ein Sachmangel vor, wenn sich das Werk nicht für die gewöhnliche Verwendung eignet und nicht so beschaffen ist, wie es bei Werken gleicher Art üblich ist und erwartet werden kann. Vorrang hat damit immer die vertragliche Vereinbarung.

Ist der Unternehmer beispielsweise beauftragt, Fliesen auf der Terrasse zu verlegen, muss er hierzu frostsichere Fliesen verwenden, auch wenn dies nicht ausdrücklich im Vertrag vereinbart ist. Verlegt er nur gewöhnliche Fliesen, stellt dies einen Mangel dar.

Einem Sachmangel steht es gem. §633 Abs. 2 Satz 3 BGB gleich, wenn der Unternehmer ein anderes als das bestellte Werk oder das Werk in zu geringer Menge herstellt.

Aus §633 Abs. 3 BGB ergibt sich, dass bei Werkverträgen auch Rechtsmängel vorliegen können. Dies ist der Fall, wenn Dritte in Bezug auf das Werk Rechte geltend machen können, die der Besteller nicht vertraglich übernommen hat, z.B. Gebrauchs-, Patent- oder Urheberrechte Dritter.

Maßgeblicher Zeitpunkt für das Vorliegen eines Mangels ist der Zeitpunkt des Gefahrübergangs, in der Regel der Zeitpunkt der Abnahme (vgl. BGH, Urteil vom 25.2.2016, VII ZR 210/13).

4.2 Was bei der Abnahme zu beachten ist

Nach Abschluss der Arbeiten prüft der Besteller üblicherweise die Leistungen der Handwerker in einem Abnahmetermin vor Ort. Mit der Abnahme bestätigt der Besteller dem Handwerker, dass er die Arbeiten ordnungsgemäß erbracht hat. Wenn der Besteller feststellt, dass der Handwerker mangelhaft gearbeitet hat, darf er die Arbeiten auf keinen Fall vorschnell abnehmen und damit die mangelhafte Leistung akzeptieren, denn dies hätte für ihn einschneidende rechtliche Konsequenzen.

Vor der Abnahme gilt: Der Handwerker muss beweisen, dass er mangelfrei gearbeitet hat. Der Besteller ist noch nicht verpflichtet, Werklohn zu zahlen. Dagegen gilt nach Abnahme: Der Handwerker kann nun Bezahlung verlangen. Im Streitfall ist es nun Sache des Bestellers zu beweisen, dass Mängel bestehen. Mit der Abnahme beginnt die Verjährungsfrist.

4.2.1 Rechte bei Mängeln

Welche Rechte der Besteller aufgrund von Mängeln hat, richtet sich danach, ob er diese vor oder nach der Abnahme geltend macht. Die besten Aussichten, zu seinem Recht zu kommen, bestehen dann, wenn der Besteller Mängel bereits vor der Abnahme bemerkt und die fehlerhaften Arbeiten nicht abnimmt.

In diesem Fall hat der Unternehmer seine Verpflichtung zur mangelfreien Herstellung des Werks nicht erfüllt und der Besteller ist auch nicht verpflichtet, ihn dafür zu bezahlen. Unter solchen Umständen muss der Unternehmer beweisen, dass kein oder nur ein unwesentlicher Mangel vorliegt, oder den Mangel beseitigen. Der Besteller sollte den Handwerker auffordern, den Mangel innerhalb einer angemessenen Frist zu beheben.

Bemerkt der Besteller Mängel erst später, muss er sich jedoch nicht damit abfinden – auch nach der Abnahme der Arbeiten steht ihm eine Vielzahl von Gewährleistungsrechten zu.

> **Tipp**
> Der Besteller sollte sich für die Abnahme ausreichend Zeit nehmen und die Arbeiten bei einem Ortstermin sorgfältig auf Fehler überprüfen. Etwaige Mängel sollten in einem Abnahmeprotokoll detailliert aufgeführt werden. Zudem ist dem Besteller zu empfehlen, die Mängel per Foto zu dokumentieren und einen Zeugen mitzunehmen.

4.2.2 Verweigerung der Abnahme und Vorbehalt

Entdeckt der Besteller Mängel und möchte deswegen Rechte geltend machen, muss er die Abnahme entweder verweigern oder sich seine Rechte ausdrücklich im Abnahmeprotokoll vorbehalten. Andernfalls kann er seine Mängelrechte verlieren und leer ausgehen.

Die Verweigerung der Abnahme kommt nur bei wesentlichen Mängeln infrage. Bei mangelfreier Leistung oder nur unwesentlichen Fehlern ist der Besteller verpflichtet, die Leistung abzunehmen (§ 640 BGB). Im Einzelfall können jedoch viele kleine Mängel insgesamt einen wesentlichen Mangel ergeben.

Die Abnahme kann entweder ausdrücklich geschehen, indem der Besteller das Abnahmeprotokoll unterschreibt, oder auch stillschweigend, indem er etwa einen reparierten Gegenstand nutzt oder die Rechnung bezahlt.

4.3 Zur Nacherfüllung auffordern

Weist die Leistung des Unternehmers Mängel auf, darf der Besteller nicht sofort eine andere Firma beauftragen oder die Vergütung kürzen, wenn er Rechte wegen Mängeln geltend machen will. Vielmehr muss er vom Unternehmer zunächst die Nacherfüllung verlangen (§§ 634 Nr. 1, 635 BGB). Denn dem

Unternehmer steht es zu, dass er seinen Fehler korrigieren darf. Der Besteller hat dem Handwerker den Mangel also anzuzeigen und ihn aufzufordern, diesen zu beseitigen. Die Aufforderung zur Nacherfüllung sollte aus Beweisgründen schriftlich erfolgen. In einer solchen Aufforderung zur Nacherfüllung sollte der Besteller den Mangel so genau wie möglich beschreiben und dem Handwerker eine angemessene Frist zur Beseitigung setzen.

Angemessen ist im Regelfall eine Frist von ein bis zwei Wochen. Die Frist muss so bemessen sein, dass der Handwerker eine realistische Chance hat, den Fehler im vorgegebenen Zeitraum zu beheben. Maßgebend ist auch, wie dringend es ist, dass der Mangel behoben wird. Funktioniert etwa bei Frost im Winter die Heizung nicht, kann die Frist kürzer ausfallen, als wenn Malerarbeiten an der Fassade zu korrigieren sind.

Die Nacherfüllung kann der Unternehmer wahlweise durch Nachbesserung oder Neuherstellung des Werks durchführen. Ist die Nacherfüllung unmöglich oder mit unverhältnismäßig hohen Kosten verbunden, darf der Handwerker die Nacherfüllung verweigern. Die Kosten der Nacherfüllung trägt der Unternehmer, hierzu gehören Transport-, Wege-, Arbeits- und Materialkosten (§ 635 Abs. 2 BGB).

Hat der Besteller den Unternehmer zur Mängelbeseitigung aufgefordert und gelingt dem Handwerker auch im zweiten Anlauf die Korrektur nicht, kann der Besteller eine erneute Nachbesserung ablehnen und seine weiteren Gewährleistungsrechte geltend machen. Wie oft der Unternehmer das Recht hat nachzubessern, ist gesetzlich nicht geregelt. Hierbei sind immer die Umstände des Einzelfalls entscheidend. Eine Nachbesserung kann beim Werkvertrag auch nach mehreren erfolglosen Instandsetzungsversuchen noch nicht fehlgeschlagen sein (OLG Hamm, Urteil vom 28.2.2013, 21 U 86/12).

Ist bereits nach dem ersten Nachbesserungsversuch absehbar, dass ein zweiter auch nicht zum gewünschten Werkerfolg führen kann, so ist die Nacherfüllung schon nach dem ersten Versuch als fehlgeschlagen anzusehen. Einen weiteren Versuch muss der Besteller in diesem Fall nicht gewähren. Kann jedoch nach dem ersten Nachbesserungsversuch damit gerechnet werden, dass ein zweiter zu dem geschuldeten Werkerfolg führen könnte, hat der Besteller einen weiteren Versuch zu akzeptieren. In der Regel sollte der Besteller den Handwerker ein- bis zweimal zur Mängelbehebung innerhalb einer bestimmten Frist auffordern. Dazu kann der folgende Musterbrief verwendet werden.

4 Zur Nacherfüllung auffordern

Die Fristsetzung zur Nacherfüllung kann ausnahmsweise entbehrlich sein. Dies ist der Fall, wenn

- sich der Unternehmer ernsthaft und endgültig weigert, die Nacherfüllung durchzuführen.
- der Unternehmer die Leistung bis zu einem im Vertrag bestimmten Termin nicht bewirkt, obwohl die termingerechte Leistung nach Mitteilung des Bestellers an den Unternehmer vor Vertragsschluss oder aufgrund anderer den Vertragsschluss begleitenden Umstände für den Besteller wesentlich ist.
- besondere Umstände vorliegen, die unter Abwägung der beiderseitigen Interessen die sofortige Geltendmachung der weiteren Mängelrechte wie Selbstvornahme, Rücktritt vom Vertrag bzw. Minderung oder Geltendmachung von Schadensersatzansprüchen rechtfertigen.
- die Nacherfüllung fehlgeschlagen ist, das heißt, dass der Mangel trotz unter Umständen mehreren Nachbesserungsversuchen nicht beseitigt werden konnte.
- die Nacherfüllung für den Besteller unzumutbar ist.
- die Nacherfüllung unmöglich ist, z.B. bei Zerstörung des Werkvertragsobjekts.
- der Unternehmer die Nacherfüllung wegen unverhältnismäßig hoher Kosten verweigert.

In Zweifelsfällen sollte der Besteller den Unternehmer stets unter Fristsetzung zur Nacherfüllung auffordern bzw. sich rechtlich beraten lassen.

Muster: Aufforderung zur Nacherfüllung

Absender (Besteller)

....

....

....

Per Boten
Adressat (Unternehmer)

....

....

....

[Datum]

Vertrag vom ...

Aufforderung zur Nacherfüllung

Sehr geehrte/r Herr/Frau ....,

leider haben Sie Ihre Werkleistung mangelhaft ausgeführt. Folgende Mängel liegen vor:

1. ....
2. ....
3. ....

ARBEITSHILFE ONLINE

> Ich fordere Sie auf, diese Mängel bis spätestens zum [Datum] zu beseitigen.
> Mit freundlichen Grüßen
> [Unterschrift]

Exkurs: Wichtige Schreiben nachweisbar zustellen
Es kommt immer wieder vor, dass der Adressat vorgibt, ein wichtiges Schreiben nicht erhalten zu haben.

> **! Achtung**
> Behauptet der Unternehmer, kein Schreiben, z.B. mit einer Fristsetzung zur Nacherfüllung, erhalten zu haben, muss der Besteller den Zugang beim Empfänger beweisen. Um späteren Beweisschwierigkeiten vorzubeugen, sollte der Besteller dem Unternehmer wichtige Schreiben deshalb nachweisbar zustellen.

Bei wichtigen Erklärungen im Werkvertragsrecht, bei denen es darauf ankommt, dass sie rechtzeitig den Empfänger erreichen, weil Fristen in Gang gesetzt werden, ist zu empfehlen, das Schreiben nachweisbar zuzustellen. Dafür gibt es verschiedene Möglichkeiten:

- Bei Versendung eines Briefes auf dem normalen Postweg mit Einwurf in den Hausbriefkasten können Sie den Zugang beim Adressaten nicht nachweisen.
- Beim Einwurf-Einschreiben wirft der Postbote das Einschreiben in den Briefkasten und bestätigt den Einwurf auf einem Auslieferungsbeleg. Der Absender kann sich gegen Entgelt einen schriftlichen Datenauszug von der Post zuschicken lassen. Hieraus lässt sich entnehmen, wann der Brief eingeworfen wurde. Die Gerichte sind jedoch unterschiedlicher Auffassung, ob ein solcher Datenauszug als Beweis für den Zugang ausreicht.
- Ein Einschreiben mit Rückschein geht zu, wenn der angetroffene Empfänger die Übergabe selbst quittiert. Der Absender erhält den Rückschein mit Datum des Zugangs und der Unterschrift des Empfängers. Mit dem Rückschein kann der Zugang nachgewiesen werden. Trifft der Postbote den Empfänger nicht an und hinterlässt er einen Benachrichtigungsschein, dass das Einschreiben bei der Post abzuholen ist, ist das Einschreiben noch nicht zugegangen. Das Einschreiben geht grundsätzlich erst zu, wenn es beim Postamt abgeholt wird.
- Der Absender kann auch einen Boten beauftragen, der das Schreiben persönlich übergibt oder in den Briefkasten einwirft. Bote kann, außer dem Besteller, jedermann sein, der volljährig ist. Bei der Botenzustellung enthält das Original des Schreibens über der Anschrift des Empfängers den Zusatz »per Boten«. Auf der Durchschrift der Erklärung wird vermerkt, dass der Bote das Original gelesen und wann er es in den Briefkasten des Empfängers eingeworfen hat. Dies bestätigt der Bote durch seine Unterschrift. Wirft der

Bote das Originalschreiben in den Briefkasten, gilt es grundsätzlich auch dann als zugegangen, wenn der Adressat abwesend ist.
- Der Zustellungsnachweis kann auch geführt werden, wenn der Absender das Schreiben im Beisein von Zeugen, die Kenntnis vom Inhalt des Schreibens haben, übergibt oder sich den Erhalt quittieren lässt.
- Darüber hinaus besteht zudem die Möglichkeit, einen Gerichtsvollzieher mit der Zustellung zu beauftragen (§ 132 Abs. 1 BGB). Jeder Gerichtsvollzieher im Bundesgebiet kann eine Willenserklärung zustellen. Die Adresse eines Gerichtsvollziehers ist einfach beim örtlichen Amtsgericht zu erfragen.

> **Tipp**
> Die sicherste Methode, um ein wichtiges Schreiben zeitnah und nachweisbar zuzustellen, ist die Botenzustellung.

4.4 Mängel durch Selbstvornahme beseitigen

Erst wenn der Besteller dem Handwerker eine Frist zur Nacherfüllung gesetzt hat und diese erfolglos verstrichen ist, hat er das Recht zur Selbstvornahme (§§ 634 Nr. 2, 637 BGB). Das heißt, der Besteller darf die Mängel selbst beheben oder einen anderen Handwerker mit der Mängelbeseitigung beauftragen und Ersatz für die erforderlichen Aufwendungen verlangen. Die Kosten der Selbstvornahme trägt damit der ursprünglich beauftragte Handwerker. Erforderlich sind die Aufwendungen für solche Maßnahmen, die ein wirtschaftlich und vernünftig handelnder Besteller aufgrund sachkundiger Beratung für geeignet halten durfte, um den Mangel zu beseitigen. Hierzu gehören die Kosten für die Beauftragung eines anderen Unternehmers, die eigene Arbeitsleistung des Bestellers, Materialien sowie die Auffindung der Schadensursache.

> **Tipp**
> Der Besteller sollte die Mängel durch Fotos dokumentieren und Zeugen hinzuziehen, bevor er die Mängel selbst beseitigt oder beheben lässt. Bei größeren Schäden kann es zweckmäßig sein, einen Sachverständigen hinzuzuziehen bzw. ein gerichtliches Beweisverfahren einzuleiten.

Der Besteller hat zudem Anspruch auf einen Vorschuss in Höhe der zur Mängelbeseitigung erforderlichen Aufwendungen (§ 637 Abs. 3 BGB). Die Höhe des Vorschusses richtet sich nach den voraussichtlich erforderlichen Kosten für die Mängelbeseitigung. Nach durchgeführter Mängelbeseitigung hat der Besteller deren Kosten nachzuweisen und abzurechnen. Um den Vorschuss und die Kosten der Selbstvornahme einzufordern, kann der Besteller sich an den folgenden Musterbriefen orientieren.

ARBEITSHILFE ONLINE

Muster: Kostenvorschuss bei Selbstvornahme

Absender (Besteller)

....
....
....

Per Boten
Adressat (Unternehmer)

....
....
....

[Datum]

Vertrag vom ...

Kostenvorschuss bei Selbstvornahme

Sehr geehrte/r Herr/Frau ....,

leider sind Sie meiner Aufforderung im Schreiben vom [Datum], die Mängel bis zum [Datum] zu beseitigen, nicht nachgekommen.
Ich werde die Mängel nun im Wege der Selbstvornahme von einer anderen Firma beseitigen lassen. Nach dem in der Anlage beigefügten Kostenvoranschlag betragen die Mängelbeseitigungskosten vorläufig ... Euro.
Ich fordere Sie auf, diesen Betrag als Kostenvorschuss bis spätestens zum [Datum] auf mein Bankkonto [Angaben zum Konto] zu überweisen.
Die Abrechnung werde ich Ihnen nach Abschluss der Arbeiten zukommen lassen.

Mit freundlichen Grüßen

[Unterschrift]

! Muster: Ersatz der Aufwendungen nach Selbstvornahme

Absender (Besteller)

....
....
....

Per Boten
Adressat (Unternehmer)

....
....
....

[Datum]

Vertrag vom ...

Ersatz der Aufwendungen nach Selbstvornahme

Sehr geehrte/r Herr/Frau ....,

leider sind Sie meiner Aufforderung im Schreiben vom [Datum], die Mängel bis zum [Datum] zu beseitigen, nicht nachgekommen.

> Ich habe die Mängel zwischenzeitlich im Wege der Selbstvornahme von einer anderen Firma beseitigen lassen. Nach der in der Anlage beigefügten Rechnung betragen die Mängelbeseitigungskosten … Euro.
> Ich fordere Sie auf, diesen Betrag bis spätestens zum [Datum] auf mein Bankkonto [Angaben zum Konto] zu überweisen.
> Mit freundlichen Grüßen
> [Unterschrift]

4.5 Rücktritt vom Vertrag

Hat der Unternehmer seine Werkleistung nicht mangelfrei erbracht und ist er auch der Fristsetzung zur Nacherfüllung nicht nachgekommen, kann der Besteller unter bestimmten Voraussetzungen von dem Vertrag zurücktreten oder wahlweise die Vergütung mindern (§§ 634 Nr. 3, 636, 323 BGB).

Der Gesetzgeber räumt dem Besteller bei Mängeln ein Rücktrittsrecht ein. Dies setzt voraus, dass ein erheblicher Mangel vorliegt. Darüber hinaus muss der Besteller dem Unternehmer eine angemessene Frist zur Nacherfüllung gesetzt haben, die erfolglos verstrichen ist.

Ist der Mangel nur unerheblich, kann der Besteller nicht vom Vertrag zurücktreten, sondern nur die Vergütung mindern.

Wählt der Besteller bei einem erheblichen Mangel den Rücktritt, wird der Werkvertrag rückgängig gemacht. Der Handwerker muss die bereits bezahlte Vergütung zurückerstatten und kann dafür sein Werk zurückverlangen. Allerdings ist gerade bei Werkverträgen die Rückgewähr erbrachter Leistungen oft technisch nicht durchführbar, zum Beispiel bei Malerarbeiten. In diesem Fall muss der Besteller den Wert der erbrachten Arbeiten erstatten, es sei denn, die Leistung ist völlig wertlos. Dann ist es meistens sinnvoller, den Preis zu mindern, anstatt zurückzutreten.

4.6 Minderung des Werklohns

> **! Achtung**
>
> Ein Rücktritt wegen unerheblicher Mängel ist nicht möglich, eine Preisminderung schon.

Anstatt vom Vertrag zurückzutreten, kann der Besteller unter den gleichen Voraussetzungen wie beim Rücktritt den Werklohn mindern, das heißt, die Rechnung kürzen (§§ 634 Nr. 3, 638 BGB). Als Anhaltspunkt für die Höhe der Minderung sind die Kosten heranzuziehen, die für die Behebung der Mängel anfallen würden. Hinzurechnen kann der Besteller den nach der Mängelbeseitigung unter Umständen verbleibenden Minderwert. Dann zahlt er an den Unternehmer nur den um den Minderungsbetrag gekürzten Werklohn. Hat der Besteller bereits die gesamte Vergütung beglichen, kann er einen Teil davon zurückfordern.

ARBEITSHILFE ONLINE

> **Muster: Minderung des Werklohns**
>
> Absender (Besteller)
>
> ....
> ....
> ....
>
> *Per Boten*
> Adressat (Unternehmer)
>
> ....
> ....
> ....
>
> [Datum]
>
> **Vertrag vom ...**
>
> **Minderung des Werklohns**
>
> Sehr geehrte/r Herr/Frau ....,
>
> leider sind Sie meiner Aufforderung im Schreiben vom [Datum], die Mängel bis zum [Datum] zu beseitigen, nicht nachgekommen.
> Wegen der Mängel erkläre ich eine Minderung der vereinbarten Vergütung in Höhe von ... Euro. Ich werde Ihnen daher nur die geminderte Vergütung überweisen.
>
> Mit freundlichen Grüßen
>
> [Unterschrift]

> **! Achtung**
>
> Nachdem der Besteller den Preis gemindert hat, kann er nicht mehr vom Vertrag zurücktreten oder Nacherfüllung verlangen. Schadensersatzansprüche können grundsätzlich neben der Minderung des Werklohns geltend gemacht werden.

4.7 Anspruch auf Schadensersatz

Der Besteller kann vom Unternehmer Schadensersatz verlangen, wenn das Werk einen Mangel aufweist, den der Handwerker verschuldet hat, und dadurch ein Schaden entstanden ist. Darüber hinaus muss der Besteller dem Handwerker eine angemessene Frist zur Nacherfüllung gesetzt haben, die erfolglos verstrichen ist (§§ 634 Nr. 3, 636 BGB).

Das Gesetz geht zunächst davon aus, dass der Handwerker den Mangel verschuldet hat, das muss der Besteller also nicht nachweisen. Vielmehr ist es Sache des Unternehmers, Umstände darzulegen und ggf. zu beweisen, dass er nicht schuldhaft gehandelt hat.

> **Beispiele**
> Kommt es zum Beispiel wegen mangelhafter Abdichtungsarbeiten an der Dachterrasse zu Feuchtigkeitsschäden in der darunterliegenden Wohnung, muss der Unternehmer für diese einstehen. Baut der Installateur ein falsches Ersatzteil in die Heizungsanlage ein, wodurch diese zerstört wird, muss er sie ersetzen.

Liegen die Voraussetzungen für einen Schadensersatzanspruch vor, bestehen folgende Möglichkeiten: Der Besteller behält das mangelhafte Werk und verlangt lediglich Ersatz des durch den Mangel verursachten Schadens. Bei erheblichen Mängeln kann er alternativ auch die fehlerhafte Werkleistung zurückgeben und verlangen, dass der ihm wegen Nichterfüllung des Vertrags entstandene Schaden ersetzt wird.

> **Wichtig**
> Im Einzelfall können dem Besteller auch noch weitere Rechte als die aufgeführten zustehen. Daher sollte man sich bei Streitigkeiten mit Handwerkern zur Abklärung der konkreten Rechtslage im jeweiligen Einzelfall Rechtsrat einholen.

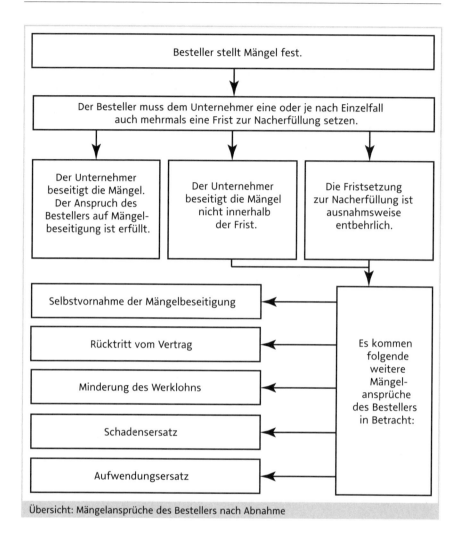

Übersicht: Mängelansprüche des Bestellers nach Abnahme

4.8 Verjährungsfristen beachten

Für die Rechte des Bestellers wegen Mängeln gelten Verjährungsfristen. Ist die Frist abgelaufen, kann der Unternehmer sich auf Verjährung berufen und die von ihm grundsätzlich geschuldete Leistung, zum Beispiel die Mängelbeseitigung, ablehnen. Dies hat die Konsequenz, dass der Besteller leer ausgeht. Die Verjährungsfrist beginnt mit Abnahme der Werkleistung (§ 634a Abs. 2 BGB). Dies gilt unabhängig davon, ob der Fehler erkennbar ist oder nicht.

Mängelansprüche bei Werkleistungen, die auf Herstellung, Wartung oder Veränderung einer Sache, also an einem Grundstück oder einer beweglichen

Sache, gerichtet sind, sowie für Planungs- und Überwachungsleistungen hierfür verjähren nach zwei Jahren (Frist nach §634a Nr. 1 BGB), wenn es sich nicht um Arbeiten an einem Bauwerk handelt.

Bei Arbeiten an einem Bauwerk sowie für Planungs- und Überwachungsleistungen beträgt die Frist fünf Jahre. Das betrifft nicht nur den Neubau eines Gebäudes, sondern auch Um- und Ausbauarbeiten, die für Bestand und Benutzbarkeit des Gebäudes von wesentlicher Bedeutung sind und bei denen die neu eingebauten Teile fest mit dem Gebäude verbunden werden.

> **Beispiel**
> Arbeiten an einem Bauwerk sind z.B. umfangreiche Malerarbeiten mit umfassender Renovierung des Hauses, Dachreparaturen, die Isolierung von Kelleraußenwänden, das Verlegen eines fest mit dem Estrich verklebten Teppichbodens, der Einbau einer Decke, das Einpassen einer Einbauküche oder der Einbau neuer Fenster.

4.8.1 Gesetzliche Frist bei arglistigem Verschweigen

Drei Jahre beträgt die Verjährungsfrist, wenn der Unternehmer den Mangel kannte und ihn gegenüber dem Besteller arglistig verschwiegen hat. Die Frist beginnt in diesem Fall ausnahmsweise nicht mit der Abnahme, sondern erst am Ende des Jahres, in dem der Besteller den Mangel tatsächlich entdeckt hat oder ihn hätte bemerken müssen. Die Arglist muss der Besteller dem Handwerker nachweisen. Handelt es sich um ein Bauwerk, tritt die Verjährung nicht vor Ablauf der oben genannten Fünfjahresfrist ein.

4.8.2 Besonderheiten bei vereinbarter VOB

Die Verdingungsordnung für Bauleistungen (VOB/B) wird in Bauverträgen häufig zum Vertragsbestandteil gemacht. Diese enthält vom BGB abweichende Vorschriften, die für den Besteller in der Regel ungünstiger sind. Bei den Regelungen der VOB/B handelt es sich um allgemeine Geschäftsbedingungen, die von den Gerichten auf ihre Wirksamkeit überprüft werden können. An die Einbeziehung der VOB/B in den Werkvertrag stellen die Gerichte hohe Anforderungen. Nach der ständigen Rechtsprechung des Bundesgerichtshofs genügt ein Hinweis auf die VOB/B im Vertrag für eine wirksame Einbeziehung nur, wenn der Bauherr im Baurecht bewandert ist. Gegenüber Vertragsparteien, die mit Baurecht nicht vertraut sind, wird die VOB/B nur wirksam einbezogen, wenn der Unternehmer seinem zukünftigen Vertragspartner die Gelegenheit einräumt, den vollen Text zur Kenntnis zu nehmen (BGH, Urteil vom 10.6.1999,

VII ZR 170/98). Dementsprechend reicht eine in den Vertragsbedingungen des Unternehmers enthaltene Klausel »sollten Sie die VOB nicht kennen, dann sende ich Ihnen kostenlos ein Exemplar zu« jedenfalls gegenüber einem Bauherrn, der nicht im Baugewerbe tätig ist, zur wirksamen Einbeziehung der VOB in den Vertrag nicht aus (OLG München, Urteil vom 15.10.1991, 9 U 1979/91).

Ist die VOB/B Vertragsbestandteil, gilt bei Arbeiten an Bauwerken zum Beispiel statt der im BGB vorgesehenen Fünfjahresfrist nur eine vierjährige Verjährungsfrist (§ 13 Abs. 4 Nr. 1 VOB/B), sofern die Parteien keine andere Verjährungsfrist vereinbart haben. Die Verjährung beginnt nach § 13 Abs. 4 Nr. 3 VOB/B grundsätzlich mit der Abnahme des gesamten Werks zu laufen, nur bei für in sich abgeschlossenen Teilen der Leistung beginnt sie mit der Teilabnahme (§ 12 Abs. 2 VOB/B).

Eine in der Praxis wichtige Vorschrift enthält § 13 Abs. 5 VOB/B hinsichtlich der verjährungsverlängernden Wirkung einer vom Besteller schriftlich erhobenen Mängelanzeige. Danach kann der Besteller die Verjährungsfrist durch eine schriftliche Mängelanzeige einfach und einseitig unterbrechen. Verlangt der Besteller vom Unternehmer noch während der ursprünglich laufenden Verjährungszeit die Beseitigung eines Mangels schriftlich, beginnt für diesen Mangel eine neue Frist von zwei Jahren zu laufen. Führt der Besteller Mangelbeseitigungsarbeiten aus, gilt für diese Arbeiten wiederum eine neue Gewährleistungsfrist von zwei Jahren. Die neuen Verjährungsfristen enden jedoch nicht vor Ablauf der ursprünglich vertraglich vereinbarten bzw. in der VOB/B vorgesehenen Frist.

4.8.3 Hemmung der Verjährung

Ist die Verjährungsfrist noch nicht abgelaufen, kann sie aus mehreren Gründen gehemmt werden, die in den §§ 203 bis 208 aufgezählt sind. Hemmung bedeutet, dass die Zeitspanne, in der die Verjährungsfrist gehemmt ist, nicht in die Verjährungsfrist eingerechnet wird. Die Verjährungsfrist verlängert sich also um den Zeitraum der Hemmung.

Schweben zwischen den Parteien Verhandlungen über den Anspruch oder die den Anspruch begründenden Umstände, ist die Verjährung gehemmt, bis die eine oder die andere Partei die Fortsetzung der Verhandlung verweigert (§ 203 BGB). Solange der Besteller mit dem Handwerker über seine Gewährleistungsrechte verhandelt, wird die Verjährungsfrist also angehalten. Die Verjährung tritt dann frühestens drei Monate nach dem Ende der Hemmung ein (§ 203 Satz 2 BGB). Sind bei Ende der Hemmung beispielsweise noch vier Monate von der Verjährungsfrist offen, ist Satz 2 ohne Bedeutung. Sind dagegen von der Verjährungsfrist beispielsweise nur noch zwei Monate übrig, führt Satz 2 zu einer Verlängerung um einen Monat.

> **Achtung**
> Verhandeln setzt ein zweiseitiges Verhalten voraus. Die Verjährung wird nicht gehemmt, wenn der Besteller dem Handwerker lediglich eine Mängelanzeige schickt oder ihm gerichtliche Schritte nur androht. Droht die Verjährung, sollte der Besteller in Zweifelsfällen zur Verjährungshemmung ein gerichtliches Verfahren nach § 204 BGB einleiten.

Auch die in § 204 BGB aufgeführten gerichtlichen Verfahren führen zur Hemmung der Verjährung. Zu beachten ist hierbei, dass die Hemmung erst sechs Monate nach der rechtskräftigen Entscheidung oder anderweitigen Beendigung des eingeleiteten Verfahrens endet (§ 204 Abs. 2 BGB). Eine Hemmung kann danach beispielsweise in folgenden Fällen einsetzen:

- durch Erhebung einer Klage
- mit Antragstellung bei einer staatlichen oder staatlich anerkannten Streitbeilegungsstelle oder anderen Streitbeilegungsstelle, wenn das Verfahren im Einverständnis mit dem Antragsgegner betrieben wird
- mit der Einleitung eines gerichtlichen Mahnverfahrens und Zustellung des Mahnbescheids
- bei Einleitung eines selbstständigen Beweisverfahrens. Hierzu beantragt eine Partei bei Gericht, dass ein Sachverständiger den Mangel und dessen Ursache sowie erforderliche Beseitigungsmaßnahmen prüft.

> **Tipp**
> Die besten Karten hat der Besteller, wenn der Handwerker den Mangel anerkennt. Denn dann wird die Verjährungsfrist nicht nur verlängert, sondern beginnt erneut in voller Länge zu laufen (§ 212 BGB). Der Besteller sollte darauf bestehen, dass der Handwerker ihm das Anerkenntnis schriftlich gibt.

4.9 Keine Mängelansprüche bei Schwarzarbeit

Liegt eine Schwarzgeldabrede vor, ist der gesamte Werkvertrag nichtig wegen Verstoß gegen das Verbot des § 1 Abs. 2 Nr. 2 Schwarzarbeitsbekämpfungsgesetz (SchwarzArbG). Dies hat zur Folge, dass weder Mängelansprüche des Bestellers noch Zahlungsansprüche des Unternehmers bestehen. Von einer solchen Schwarzgeldabrede ist beispielsweise auszugehen, wenn Werkleistungen aufgrund eines Vertrags erbracht worden sind, bei dem die Parteien vereinbart haben, dass der Werklohn in bar ohne Rechnung und ohne Abführung der Umsatzsteuer bezahlt wird, entschied der Bundesgerichtshof (Urteil vom 1.8.2013, VII ZR 6/13). Gleiches gilt, wenn die Parteien vereinbart haben, dass für den Werklohn eine Rechnung ohne Steuerausweis gestellt und keine Umsatzsteuer gezahlt werden soll (BGH, Urteil vom 11.6.2015, VII ZR 216/14).

! **Beispiel**

In dem vom Oberlandesgericht Schleswig-Holstein zu entscheidenden Fall hatte der klagende Unternehmer in vier neu errichteten Reihenhäusern Elektroinstallationsarbeiten durchgeführt. Der Unternehmer hatte mit den Eigentümern der Reihenhäuser vereinbart, dass für die Arbeiten ein Betrag von 13.800 Euro auf Rechnung und zusätzlich ein Betrag von 5.000 Euro ohne Rechnung gezahlt wird. Die Eigentümer überwiesen an den Unternehmer circa 10.000 Euro und zahlten 2.300 Euro in bar. Nachdem die Arbeiten abgeschlossen waren, verlangte der Unternehmer die restliche Vergütung in Höhe von circa 6.000 Euro und erhob gegen die Eigentümer Klage vor Gericht. Die Eigentümer verlangten ihrerseits Schadensersatz wegen Mängeln der Werkleistung.

Liegt auch nur eine teilweise Schwarzgeldabrede vor, ist der gesamte Werkvertrag nichtig, entschied das Oberlandesgericht Schleswig-Holstein, sodass der Unternehmer vom Besteller weder die vereinbarte Vergütung noch die Erstattung des Wertes der von ihm bereits erbrachten Handwerkerleistungen verlangen kann. Umgekehrt steht den Eigentümern kein Schadensersatzanspruch wegen Mängeln zu. Denn die Parteien haben gegen die Vorschriften des Gesetzes zur Bekämpfung der Schwarzarbeit und illegalen Beschäftigung verstoßen (SchwarzArbG), indem sie vereinbart haben, dass die Werkleistung teilweise ohne Rechnung erbracht wird, damit der entsprechende Umsatz den Steuerbehörden verheimlicht werden kann (OLG Schleswig-Holstein, Urteil vom 16.8.2013, 1 U 24/13).

5 Bei Streitigkeiten mit Handwerkern: außergerichtliche Streitschlichtung und Gerichtsverfahren

5.1 Streitschlichtungsstellen

Der Weg zu einer Schlichtungsstelle kann im Vergleich zum Gerichtsverfahren vor dem Amtsgericht (AG) oder Landgericht (LG) Zeit und Kosten sparen. Seit April 2016 gilt in Deutschland das neue Verbraucherstreitbeilegungsgesetz (VSBG). Darin ist ein neues Verfahren zur Verbraucherschlichtung geregelt, das nur von besonderen Schlichtungsstellen durchgeführt werden darf. Streitigkeiten zwischen Handwerkern und Verbrauchern können bei der Allgemeinen Verbraucherschlichtungsstelle (www.verbraucher-schlichter.de) behandelt werden. Das Verfahren dürfen nur Verbraucher beantragen. Es wird ausschließlich online durchgeführt. Zudem ist die Teilnahme an einer Verbraucherschlichtung freiwillig.

Informationspflichten über Verbraucherschlichtung
Handwerker, die ihre Produkte oder Dienst- bzw. Werkleistungen über einen Onlineshop vertreiben, haben bereits seit Februar 2016 die Pflicht, auf ihrer Website mit einem Link auf eine Internetplattform der Europäischen Kommission zur Onlinebeilegung von Streitigkeiten hinzuweisen.

Neue Informationspflichten ab Februar 2017
Ab 1. Februar 2017 sind Unternehmen mit mehr als zehn Mitarbeitern verpflichtet, in ihren allgemeinen Geschäftsbedingungen und auf ihrer Website die Verbraucher darüber zu informieren, ob sie bereit sind, im Fall eines Rechtsstreits an einer Verbraucherschlichtung nach dem VSBG teilzunehmen. Besteht die Bereitschaft zur Teilnahme an einem solchen Schlichtungsverfahren, müssen zusätzlich der Name und die Kontaktdaten der Allgemeinen Verbraucherschlichtungsstelle nach dem VSBG angegeben werden.

Informationspflicht nach Entstehen einer Streitigkeit
Sofern eine Streitigkeit mit dem Verbraucher nicht durch eigene Bemühungen beigelegt werden kann, sind alle Unternehmer verpflichtet, den Verbraucher darüber zu informieren, ob von ihrer Seite eine Bereitschaft zu einer Teilnahme an einer Verbraucherschlichtung besteht oder nicht. Darüber hinaus sind Name und Kontaktdaten der Allgemeinen Verbraucherschlichtungsstelle zu nennen. Diese Informationen sind Verbrauchern in Textform auszuhändigen, das heißt als Brief, per Mail oder per Fax.

Folgen der Nichtbeachtung der Informationspflichten

Kommt der Unternehmer seinen Informationspflichten nicht nach, stellt dies einen Verstoß gegen das Wettbewerbsrecht dar und berechtigt befugte Verbände und Mitbewerber zur Abmahnung. Hierdurch können dem Unternehmer hohe Kosten entstehen.

Alternativ können sich die Parteien auch an eine andere Schlichtungsstelle wenden, z.B. an Handwerksorganisationen wie die jeweils zuständigen Handwerkskammern oder Innungen. Diese führen die Schlichtungsverfahren in der Regel kostenlos durch. Dort wird versucht, bei Streitigkeiten zwischen Handwerkern, die Mitglied der Handwerkskammer sind, und Bestellern zu vermitteln.

Die Handwerkskammern führen auch Listen von öffentlich bestellten und vereidigten Sachverständigen, die ggf. bei Streitigkeiten zwischen Handwerker und Besteller ein Sachverständigengutachten erstellen können.

> **Tipp**
>
> Die Verjährung wird durch Einleitung eines Verfahrens zur Streitschlichtung bei einer staatlichen oder staatlich anerkannten Streitbeilegungsstelle oder anderen Streitbeilegungsstelle gehemmt, wenn das Verfahren im Einvernehmen mit dem Antragsgegner betrieben wird (§ 204 Nr. 4 BGB).

5.2 Gerichtsverfahren

Gelingt keine außergerichtliche Einigung, bleibt den Parteien zur Durchsetzung ihrer Rechte nur noch der Weg zum Gericht.

Haben die Parteien eines Bauvertrags wirksam eine Schiedsvereinbarung getroffen und erhebt eine Partei dennoch Klage vor einem staatlichen Gericht, wird diese vom Gericht bereits als unzulässig abgewiesen, wenn der Beklagte die Schiedseinrede erhebt. Denn durch eine Schiedsvereinbarung schließen die Parteien für Rechtsstreitigkeiten aus dem Vertragsverhältnis die staatliche Gerichtsbarkeit aus und einigen sich auf eine Entscheidung durch das Schiedsgericht.

Machen die Parteien ihre Ansprüche in einem gerichtlichen Verfahren geltend, handelt es sich um eine zivilrechtliche Streitigkeit. Bei einem Streitwert bis einschließlich 5.000 Euro ist das Amtsgericht sachlich zuständig. Liegt der Streitwert höher, geht die Streitsache zum Landgericht.

Grundsätzlich ist das Amts- oder Landgericht des Wohnortes der beklagten Partei örtlich zuständig. Allerdings kann der Kläger auch den besonderen Gerichtsstand des Erfüllungsortes wählen. Dieser hat in Bauprozessen eine erhebliche Bedeutung. Unter »Erfüllungsort« versteht man den Ort, an dem die streitige Verpflichtung zu erfüllen ist (§ 29 ZPO). Im Rahmen eines Bauprozesses ist Erfüllungsort für den Anspruch des Bestellers auf Erfüllung der Werkleistung oder seiner Gewährleistungsrechte der Ort, an dem das Bauwerk errichtet wird, sodass das Amts- oder Landgericht örtlich zuständig ist, in dessen Bezirk sich das Bauwerk befindet. Das Gleiche gilt nach einer Entscheidung des Bundesgerichtshofs auch für den Anspruch des Handwerkers auf Zahlung der Vergütung (BGH, Beschluss vom 5.12.1985, I ARZ 737/85). Nach anderer Ansicht ist der Anspruch des Unternehmers auf Zahlung des Werklohns an dem Wohnsitz des Bauherrn zu erfüllen (LG Stralsund, Urteil vom 4.10.2011, 6 O 77/11).

> **Achtung**
> In einem Prozess vor dem Landgericht müssen sich die Parteien auf jeden Fall durch einen Rechtsanwalt vertreten lassen, da dort Anwaltszwang besteht. Dagegen ist die Prozessvertretung der Parteien durch einen Rechtsanwalt in einem Rechtsstreit vor dem Amtsgericht nicht vorgeschrieben.

Der Gerichtsprozess kann dann mit einem Gerichtsurteil beispielsweise auf Zahlung oder mit einem gerichtlichen Vergleich, in dem der Beklagte zur Zahlung verpflichtet ist, enden. Vollstreckbares Gerichtsurteil und gerichtlicher Vergleich sind Schuldtitel, aus denen die Zwangsvollstreckung betrieben werden kann.

Gegen das Urteil erster Instanz kann Berufung eingelegt werden. Voraussetzung hierfür ist, dass der Streitwert über 600 Euro liegt oder das Gericht erster Instanz die Berufung zugelassen hat (§ 511 ZPO).

Die Kosten des Rechtsstreits berechnen sich nach dem Gerichtskostengesetz und dem Rechtsanwaltsvergütungsgesetz. Grundlage für die Berechnung der Gerichts- und Anwaltskosten ist der Streitwert. Der Streitwert bei einer Klage auf Zahlung bemisst sich beispielsweise nach der Höhe des geltend gemachten Geldbetrags. Wer im Prozess unterliegt, muss alle Gerichts- und Rechtsanwaltskosten auch der Gegenseite tragen. Obsiegt eine Partei im Prozess nur teilweise, tragen die Parteien die Kosten anteilig.

5.3 Mahnverfahren

Wer einen Anspruch auf Zahlung hat, kann auch im Wege eines Mahnverfahrens schnell und einfach zu einem Titel (Vollstreckungsbescheid) kommen. Das Mahnverfahren ist ein schriftliches Verfahren, bei dem nicht geprüft wird, ob der Antragsteller tatsächlich Anspruch auf die angegebene Geldforderung hat.

Hierzu muss der Gläubiger (der Antragsteller) zunächst einen Mahnbescheid beim zuständigen Amtsgericht beantragen. In vielen Bundesländern gibt es dafür zentrale Mahngerichte. Für die Antragstellung kann ein von den Gerichten angebotenes Onlineformular (www.mahngerichte.de) oder ein amtlicher Vordruck aus einem Schreibwarenladen verwendet werden.

Nachdem das Amtsgericht geprüft hat, ob der Mahnantrag formell richtig und die Geltendmachung der Forderung im Mahnverfahren statthaft ist, erlässt es einen Mahnbescheid. Dieser wird dem Antragsgegner vom Mahngericht förmlich per Post zugestellt. Der Antragsgegner hat nach Zustellung des Mahnbescheids zwei Wochen Zeit, entweder die Forderung zu begleichen oder Widerspruch einzulegen.

Ist Widerspruch gegen den Mahnbescheid eingelegt worden, erhält der Antragsteller eine entsprechende Nachricht zusammen mit einer Kostenrechnung für ein streitiges Verfahren. Das Mahnverfahren ist dann abgeschlossen. Der Antragsteller kann seinen Anspruch nun im streitigen Verfahren, also in einem normalen Zivilprozess, in dem er seinen Anspruch begründen muss, weiter verfolgen. Das Mahngericht gibt das Verfahren an dieses Gericht weiter, wenn die Kosten für dieses weitere Verfahren gezahlt worden sind.

Hat der Antragsgegner die geltend gemachte Forderung nicht vollständig bezahlt und nicht oder nicht rechtzeitig Widerspruch gegen den gesamten geltend gemachten Anspruch eingelegt, erlässt das Mahngericht auf Antrag des Gläubigers einen Vollstreckungsbescheid. Nach §701 ZPO muss der Antrag auf Erlass eines Vollstreckungsbescheids innerhalb von sechs Monaten ab Zustellung des Mahnbescheids an den Antragsgegner bei Gericht eingegangen sein. Wird diese Frist nicht eingehalten, entfallen die Wirkungen des bereits zugestellten Mahnbescheids. Gegen den Vollstreckungsbescheid hat der Antragsgegner noch einmal eine Einspruchsfrist von zwei Wochen. Lässt er diese Frist verstreichen, wird der Vollstreckungsbescheid rechtskräftig. Wird Einspruch erhoben, gibt das Mahngericht das Verfahren automatisch an das Prozessgericht zur Durchführung des streitigen Verfahrens ab.

Der Vollstreckungsbescheid ist auch ein Schuldtitel auf Zahlung, aus dem der Gläubiger die Zwangsvollstreckung betreiben kann. Damit kann er einen Gerichtsvollzieher beauftragen, seine Forderung durch Pfändung beim Schuldner einzutreiben. Es besteht zum Beispiel auch die Möglichkeit, aufgrund eines Pfändungs- und Überweisungsbeschlusses ein Guthaben auf einem Bankkonto des Schuldners zu pfänden.

6 Alt- oder Neubau? – Das sollte beim Kauf einer Immobilie bedacht werden

Ob es sinnvoll ist, eine gebrauchte Immobilie oder einen Neubau zu erwerben, hängt nicht nur von den finanziellen Möglichkeiten ab. Beide Varianten haben Vor- und Nachteile.

Neue Immobilien sind in der Regel auf dem neuesten technischen Stand etwa im Hinblick auf Heizung, Wärmedämmung und Schallschutz. Dies bietet mehr Komfort und der Energieverbrauch ist geringer. So fallen die Nebenkosten für Heizung, Wasser und Strom niedriger aus. In den ersten fünf Jahren nach Fertigstellung sind im Allgemeinen nur wenige Renovierungen und Instandhaltungen nötig. Auch haftet der Bauträger fünf Jahre lang für Mängel.

6.1 Ein gebrauchtes Haus kaufen

Viele Menschen schätzen den besonderen Charme von Altbauten: hohe Decken, große Räume und gediegene Parkettböden. Anders als beim Neubau spart man sich als Käufer die Suche nach dem passenden Bauland, die Einholung von Baugenehmigungen und den Ärger auf der Baustelle. Andererseits besteht bei Altbauten häufig hoher Sanierungs- und Instandhaltungsbedarf. Hohe Räume und schlechte Dämmung verursachen hohe Energiekosten. Die meisten Altbauten sind zudem nicht barrierefrei. Reparaturen, Umbauten sowie freiwillige oder gesetzlich vorgeschriebene Modernisierungen können teuer werden. Dadurch kann ein Altbau mit einem niedrigeren Preis genauso viel kosten wie ein vergleichbarer Neubau.

Je älter die Gebäude sind, desto mehr ist meist auch zu tun. Sind Sanierungen notwendig, sollten die Kosten aus dem Kaufpreis herausgerechnet werden. Für Laien sind allerdings oft auch gravierende Mängel nicht zu erkennen. Vor dem Kauf sollte daher eine eingehende Objektbesichtigung mit einem Architekten oder einem anderen Bausachverständigen stattfinden.

> **Tipp**
>
> Der Experte sollte wirklich unabhängig sein, also vor allem keiner der bauausführenden Firmen angehören. Sein Gutachten kann dann gute Argumente liefern, um mit dem Verkäufer über einen fairen Preis zu verhandeln. Bausachverständige findet man zum Beispiel über den Verband Privater Bauherren (VPB).

Auch eine schlechte Energieeffizienz sowie unterlassene oder schlecht ausgeführte Modernisierungsmaßnahmen und Reparaturen sind große Kostentreiber. Bei vielen Gebäuden aus den 1960er- und 1970er-Jahren sind für Käufer erhebliche Investitionen erforderlich, um die Gebäude annähernd den heutigen Energie- und Qualitätsstandards anzupassen. Oft bleibt bei der Gebäudebewertung nicht einmal der Rohbauwert, der bei einem Neubau etwa 40 % der Bausumme ausmacht.

> **Tipp**
>
> Kaufinteressenten müssen genau hinschauen und sollten sich nicht durch die Optik beeinflussen lassen. Die sollten sich vor dem Kauf über die energetischen und fachtechnischen Belange genau informieren.

Für die Sanierungskosten hat der Verband Privater Bauherren (VPB) Richtwerte ermittelt, an denen sich Käufer orientieren können. Handelt es sich bei dem Haus um einen Bau aus der Nachkriegszeit, sollte man Sanierungskosten in Höhe von 40 % des Kaufpreises einplanen. Kostet also das Objekt 200.000 Euro, kommen noch einmal 80.000 Euro dazu. Bei einem Haus, das vor dem Zweiten Weltkrieg gebaut wurde, liegt der Bedarf nach VPB-Angaben bei rund der Hälfte des Kaufpreises.

Aber selbst Häuser jüngeren Baujahrs müssen oft nachgebessert werden. Bei Häusern, die zwischen 1980 und 1990 gebaut wurden, werden meist noch einmal 20 % des Kaufpreises für die Sanierung fällig, bei in den vergangenen 15 Jahren gebauten Häusern liegen die Kosten für kleinere und größere Reparaturen immer noch bei rund 15 %. Es handelt sich dabei jedoch nur um Richtwerte, im Einzelfall können die Kosten noch viel höher ausfallen.

6.2 Das wird im Kaufvertrag geregelt

Wer eine Immobilie erwerben möchte, muss in Deutschland einen Kaufvertrag vor dem Notar abschließen. Der Kaufvertrag regelt, wer Käufer und wer Verkäufer ist, welche Immobilie gekauft beziehungsweise verkauft wird, wo sie gelegen ist und wie groß sie ist. Auch die Höhe des Kaufpreises ist wesentliches Element des Kaufvertrags. Ebenfalls geregelt wird, wann der Kaufpreis fällig wird und wann Lasten und Kosten auf den Käufer übergehen.

Die Klausel »gekauft wie gesehen«
Die Klausel »gekauft wie gesehen« findet sich häufig in Kaufverträgen, wenn es um eine Immobilie geht. Über die Bedeutung dieser Vereinbarung besteht allerdings oft Unklarheit, die dann zu einer Klage vor Gericht führen kann. Dies

gilt ebenso für die Klauseln »gekauft wie besichtigt« oder »gekauft, wie es steht und liegt«. Die Klauseln haben dieselbe Bedeutung. Wird ein Haus, eine Wohnung oder ein Grundstück »gekauft wie gesehen«, so wird nur die Gewährleistung für offensichtliche Mängel ausgeschlossen. Der Verkäufer haftet also nicht für Mängel, die ein durchschnittlicher Käufer bei einer gründlichen Besichtigung der Immobilie ohne Sachverständigen hätte erkennen können. Versteckte Mängel erfasst die Klausel dagegen nicht. Diese liegen vor, wenn ein durchschnittlicher Käufer den Mangel durch eine eigene Untersuchung nicht erkennen kann.

> **Achtung**
> Bei versteckten Mängeln kann sich der Käufer auf sämtliche Gewährleistungsrechte berufen. Voraussetzung ist allerdings, dass im Vertrag kein genereller Gewährleistungsausschluss vereinbart wurde.

Offensichtliche Mängel können vorliegen,
- wenn der Putz abblättert und Risse in der Fassade sichtbar sind,
- wenn kein fließendes Wasser kommt, weil die Leitungen defekt sind,
- wenn es zu Lärmbelästigungen zum Beispiel durch eine Straße, ein Geschäft oder eine Gaststätte kommt,
- wenn Türen und Fenster nicht richtig schließen,
- wenn das Dach wegen Löchern undicht ist oder
- wenn Schimmel vorliegt.

Versteckte Mängel können vorliegen,
- wenn es Altlasten auf dem Grundstück gibt,
- wenn es Asbest am Gebäude gibt,
- wenn gesundheitsschädliche Holzschutzmittel verwendet wurden oder
- wenn Gasleitungen undicht sind.

Liegt ein versteckter Mangel vor und enthält der Kaufvertrag keinen generellen Gewährleistungsausschluss, hat der Käufer gegenüber dem Verkäufer folgende Gewährleistungsansprüche:
- Mängelbeseitigung
- Minderung des Kaufpreises
- Rücktritt vom Kaufvertrag
- Schadensersatz

Um allerdings Gewährleistungsansprüche aufgrund von versteckten Mängeln geltend machen zu können, liegt die Beweislast dafür, dass der Verkäufer den Mangel bereits bei Abschluss des Kaufvertrags kannte, beim Käufer. Oft wird ein Bausachverständiger mit der Aufgabe betraut herauszufinden, ob der Sachmangel schon längere Zeit bestanden hat.

Der Käufer kann sich allerdings nicht auf versteckte Mängel berufen, die für bestimmte Baujahre typisch sind:

Bei Gebäuden, die um 1900 errichtet wurden,
- sind Heizungsanlagen, Elektroinstallation und Rohre häufig veraltet,
- fehlen meist Wärmedämmung und Schallisolation und
- ist zuweilen kein ausreichendes Fundament vorhanden.

Um 1930/1940 erbaute Häuser sind oft nur in einfacher Bauweise errichtet worden und weisen eine sparsame Werkstoffverwendung auf. Gebäude aus der Vor- und Nachkriegszeit haben oft statische Mängel.

6.3 Arglistige Täuschung durch den Verkäufer

Auch wenn ein genereller Gewährleistungsausschluss im Kaufvertrag vereinbart wurde, können dem Käufer noch Gewährleistungsrechte zustehen, wenn der Verkäufer den Käufer über den Mangel arglistig getäuscht hat, wenn dem Verkäufer also der Grund für den Mangel selbst bekannt war. Neben den oben aufgeführten Gewährleistungsrechten kann der Käufer daneben auch den Kaufvertrag anfechten. Eine arglistige Täuschung setzt voraus, dass der Verkäufer verpflichtet war, den Käufer über den versteckten Mangel aufzuklären.

! **Beispiel**
Mehrfach hatte die potenzielle Käuferin die Wohnung besichtigt, bevor man sich im Sommer 2012 einig wurde. Im daraufhin geschlossenen notariellen Kaufvertrag war unter anderem ein Haftungsausschluss für Sachmängel vereinbart. Der Verkäufer hatte allerdings zugesichert, dass ihm keine verborgenen Mängel an der Eigentumswohnung bekannt seien.
Im Erdgeschoss des Gebäudes befand sich bekanntermaßen eine Seniorentagesstätte. Doch erst nach ihrem Einzug stellte die Käuferin fest, dass die Gespräche und das Singen der Senioren sowie auch die Klingel der Einrichtung in ihrer neuen Wohnung mehr als deutlich zu hören waren. Die aus ihrer Sicht unerträgliche Lärmbeeinträchtigung führte sie auf mangelhaften Schallschutz zurück, den die Verkäuferin arglistig verschwiegen habe. Das Landgericht Coburg gab der Käuferin recht und verurteilte die Verkäuferin zur Rückzahlung des Kaufpreises und zur Erstattung der Makler- und Notarkosten sowie der Grunderwerbsteuer. Darüber hinaus musste die Verkäuferin auch den Schaden ersetzen, der der Käuferin durch das von ihr zur Finanzierung des Kaufpreises aufgenommene Darlehen entstanden war, sowie die Anwaltskosten (Landgericht Coburg, Urteil vom 23.12.2014, 23 O 358/13).

6 Arglistige Täuschung durch den Verkäufer

Vielfach geht es allerdings für den Käufer mängelbehafteter Immobilien nicht so glimpflich aus. Denn oftmals kennt auch der Vorbesitzer die Mängel im eigenen Haus nicht – und kann dafür dann auch nicht zur Verantwortung gezogen werden.

Arglist setzt voraus, dass der Verkäufer
- einen offenbarungspflichtigen Mangel kannte oder zumindest für möglich hielt,
- er diesen Mangel dem Käufer verschwiegen oder das Fehlen des Mangels aktiv vorgespiegelt hat und
- der Verkäufer wusste oder zumindest für möglich hielt, dass der Käufer den Mangel nicht kennt und er den Kaufvertrag bei entsprechender Aufklärung nicht oder nur mit anderem Inhalt geschlossen hätte (BGH, Urteil vom 12.11.2010, V ZR 181/09).

Eine Haftung des Verkäufers wegen Arglist setzt auch voraus, dass er den Mangel ungefragt dem Käufer hätte offenbaren müssen. Solche Offenbarungspflichten des Verkäufers bestehen zum Beispiel für Feuchtigkeitsschäden oder Verdacht auf Feuchtigkeitsschäden bei einer mangelhaften Außenabdichtung (OLG Brandenburg, Urteil vom 9.6.2011, 5 U 78/06), Befall mit Hausbock (KG, Urteil vom 23.2.1989, 12 U 2500/88), bei einer asbesthaltigen Fassadenverkleidung (BGH, Urteil vom 12.11.2010, V ZR 181/09), bei einer Undichtigkeit des Daches, bei Mängeln der Heizungsanlage und bei Fehlen einer erforderlichen Baugenehmigung.

> **Tipp**
> Den Verkäufer trifft keine Offenbarungspflicht, wenn die Mängel ohne Weiteres erkennbar sind. Der Käufer kann auch seine Rechte dann nicht geltend machen, wenn er den Mangel bei Vertragsschluss bereits kannte.

Für die arglistige Täuschung des Verkäufers trägt der Käufer die Beweislast. Die Verjährungsfrist beträgt drei Jahre, wenn der Verkäufer den Mangel arglistig verschwiegen hat. Die Frist beginnt mit dem Schluss des Jahres, in dem der Anspruch entstanden ist und der Käufer von den Umständen Kenntnis erlangte.

Eine weitere Ausnahme, also ein Gewährleistungsrecht des Käufers trotz Ausschluss der Gewährleistung im Kaufvertrag, besteht dann, wenn für die Immobilie eine bestimmte Beschaffenheit vereinbart wurde. Eine Beschaffenheitsvereinbarung hat immer Vorrang, entschied der Bundesgerichtshof (BGH), und verdrängt jeden Gewährleistungsausschluss (Urteil vom 19.12.2012, VIII ZR 96/12). Mängelrechte kann der Käufer schließlich auch trotz Gewährleistungsausschluss geltend machen, wenn der Mangel zwischen der notariellen Beurkundung des Kaufvertrags und dem Besitzübergang eingetreten ist.

6.3.1 Spielregeln für den Kaufvertrag

Der Verkäufer muss Fragen nach Mängeln der Immobilie immer ehrlich beantworten. Hat er zum Beispiel die Frage des Käufers nach vorliegendem Schimmel oder Feuchtigkeit im Keller verneint, hat aber tatsächlich ein Handwerker den Schimmel kurz vor dem Verkauf der Immobilie oberflächlich beseitigt, kann eine solche Falschangabe zu Schadensersatzansprüchen des Käufers führen.

Wer ein Wohnhaus verkauft, muss den Kaufinteressenten rechtzeitig darüber aufklären, dass bei Regen der Keller überschwemmt wird. Verschweigt der Verkäufer dies bewusst, nützt auch ein Gewährleistungsausschluss im Kaufvertrag nichts.

> **Beispiel**
>
> Ein Kaufinteressent hatte ein Einfamilienhaus besichtigt. Er hatte sich besonders danach erkundigt, ob der Keller trocken sei. Die Eigentümerin hatte geantwortet, der Keller sei »nicht so toll«, aber trocken. Nach dem Kauf für 390.000 Euro stellte sich jedoch heraus, dass bei stärkerem Regen Wasser in den Keller eindrang. Der Käufer überwies daraufhin 30.000 Euro weniger als vereinbart. Schließlich erklärte er den Rücktritt vom Kaufvertrag. Die Verkäuferin akzeptierte das nicht und man traf sich wieder vor Gericht. Das Oberlandesgericht Hamm hielt den Rücktritt für wirksam. Im Eindringen von Wasser liege ein Sachmangel. Auch bei einer älteren Immobilie, hier Baujahr 1938, könne der Käufer erwarten, dass er nicht nach jedem Regen den Keller trocken legen müsse. Die Verkäuferin hätte den Käufer über den möglichen Wassereinbruch sogar von sich aus aufklären müssen. Daher liege ein arglistiges Verschweigen vor (OLG Hamm, Urteil vom 18.7.2016, 22 U 161/15).

> **Beispiel**
>
> Ein Haus des Baujahres 1954 wurde verkauft. Bei den Besichtigungsterminen wurde dem Käufer auf Nachfrage erklärt, dass insbesondere der Keller trocken sei. Nach Vertragsschluss stellte ein Sachverständiger erhebliche Feuchtigkeit und zum Teil Schimmelbildung an Keller- und Erdgeschosswänden fest. Der Käufer focht den Vertrag wegen arglistiger Täuschung an.
> Der Bundesgerichtshof hielt fest, dass eine arglistige Täuschung meist vorliegt, wenn Kellerräume als Wohnraum angepriesen werden, obwohl die für eine solche Nutzung notwendige baurechtliche Genehmigung nicht vorliegt. Nichts anderes gelte, wenn die Wohnraumnutzung zwar nicht genehmigungsbedürftig, aber anzeigepflichtig ist, damit die Baubehörde prüfen kann, ob sie ein Genehmigungsverfahren einleitet

> (BGH, Urteil vom 27.6.2014, V ZR 55/13). In beiden Fällen liegt eine arglistige Täuschung vor. Im vorliegenden Fall war daher eine Anfechtung des Vertrags rechtens.

Nicht ohne Weiteres erkennbar sind allerdings solche Mängel, von denen bei einer Besichtigung zwar Spuren zu erkennen sind, die aber keinen Rückschluss auf Art und Umfang des Mangels erkennen lassen. Hier muss der Verkäufer nach seinem Kenntnisstand aufklären und darf sein konkretes Wissen nicht zurückhalten.

> **Tipp**
> Garantien sollte der Verkäufer nur vorsichtig aussprechen. Ansonsten haftet er für das Vorliegen bestimmter Eigenschaften des Gebäudes.

Um Gewährleistungsansprüchen des Käufers vorzubeugen, sollten Verkäufer deshalb
- einen Kaufinteressenten über jeden bekannten Mangel informieren und
- die Unterrichtung des Käufers in einem vom Käufer gegengezeichneten Gesprächsprotokoll festhalten,

auch wenn dies zu einer Kaufpreisminderung führt.

Nun gibt es allerdings auch viele Fälle, in denen der Verkäufer tatsächlich arglos ist und nichts von Schäden weiß. Wenn ihm dann keine arglistige Täuschung nachgewiesen werden kann, geht er straffrei aus, vorausgesetzt, er hat im Kaufvertrag die Gewährleistungsansprüche ausgeschlossen. Ein solcher Gewährleistungsausschluss ist üblich und findet sich in Notarverträgen häufig.

Nur wenn es an einer solchen Vereinbarung fehlt, kann der Käufer seine Rechte geltend machen: Entweder kann er die Beseitigung der Mängel vom Alteigentümer verlangen oder die Zahlung von Schadensersatz. Letzterer wird in der Regel durch das Gutachten eines Sachverständigen berechnet, das die notwendigen Sanierungsarbeiten auflistet. In Extremfällen, also wenn man das Haus oder die Wohnung wegen der enormen Schäden nicht mehr bewohnen kann oder die Sanierungskosten eine gewisse Höhe überschreiten, kann der Käufer vom Vertrag zurücktreten. Folge: Der gesamte Vertrag wird rückabgewickelt. Im Klartext: Der Käufer erhält den Kaufpreis zurück, im Gegenzug wird der Verkäufer wieder als Eigentümer der Immobilie im Grundbuch eingetragen.

Wurde allerdings die Gewährleistung im Vertrag wirksam ausgeschlossen, wie es in den allermeisten Verträgen der Fall ist, trägt der Käufer das Risiko der

Sanierungskosten. Wie aber kann sich dieser vor solchen bösen Überraschungen schützen?

6.3.2 So kann sich der Käufer absichern

Zunächst sollte sich ein Käufer vor dem Kauf gründlich über den Zustand der Immobilie informieren. Dies umfasst, dass er das Kaufobjekt zusammen mit einem Fachmann vor dem Kauf besichtigen sollte. Fragen zum Zustand der Immobilie sollten nicht nur an den Eigentümer, sondern auch an den Mieter oder die Nachbarn gerichtet werden.

> **Tipp**
> Bei Verkaufsgesprächen sollte möglichst immer ein Zeuge mit dabei sein. Dann kann der Käufer im Falle eines Falles Falschauskünfte des Verkäufers beweisen.
> Wer als Käufer einer gebrauchten Immobilie ganz auf der sicheren Seite sein will, kann auch selbst ein Gutachten eines staatlich anerkannten Sachverständigen in Auftrag geben. Stellt sich das Gutachten später als falsch heraus, haftet der Sachverständige beziehungsweise dessen Berufshaftpflichtversicherung.

> **Beispiel**
> In einem vom BGH entschiedenen Fall hatte der Verkäufer zugesichert, dass das Haus nicht von Hausschwamm befallen sei. Später stellte sich heraus, dass doch Hausschwamm vorlag. Vor Gericht wurde dann darüber gestritten, wie hoch der Anspruch des Käufers gegen den Verkäufer war. Der BGH entschied, dass sich die Höhe des Schadensersatzes auf den Ersatz des mangelbedingten Minderwertes des Grundstücks beschränken sollte. Der Schadensersatzanspruch des Käufers sei immer dann beschränkt, wenn die Kosten der Mängelbeseitigung unverhältnismäßig hoch seien. Bei Grundstückskaufverträgen könne von einer Unverhältnismäßigkeit ausgegangen werden, wenn die Mängelbeseitigungskosten entweder den Verkehrswert des Grundstücks in mangelfreiem Zustand oder 200% des mangelbedingten Minderwertes übersteigen. Maßgeblich bleibe aber eine umfassende Würdigung der Umstände des Einzelfalls. Dabei sei insbesondere zu berücksichtigen, inwieweit der Verkäufer den Mangel zu vertreten habe. Im vorliegenden Fall summierten sich alle mit der Mängelbeseitigung verbundenen Kosten auf knapp 640.000 Euro. Der Verkehrswert des bebauten Grundstücks ohne Mängel lag mindestens bei 600.000 Euro (BGH, Urteil vom 4.4.2014, V ZR 275/12). Der BGH hob das Berufungsurteil auf und verwies die Sache zur erneuten Verhandlung und Entscheidung an das Berufungsgericht zurück.

> **Tipp**
>
> Um böse Überraschungen zu vermeiden, sollte sich der Käufer vor dem Kaufabschluss absichern: Besonders Fenster, sanitäre Anlagen, Böden und Heizungen sollten einer peniblen Prüfung unterzogen werden. Noch bevor der Vertrag unterschrieben wird, sollte man von einem Bausachverständigen prüfen lassen, in welchem Zustand die Immobilie ist und welche Mängel sie hat. Dazu kann man ein Altbaugutachten anfertigen lassen. Auch eventuellen Modernisierungsbedarf sollte man vor Abschluss des Vertrags ermitteln und einkalkulieren.

6.3.3 Rücktritt vom Vertrag

Für die Vertragsbeteiligten gelten die gesetzlichen Rücktrittsrechte. Danach rechtfertigen nur außergewöhnliche Umstände oder ein besonders schweres Fehlverhalten eines Vertragspartners den Rücktritt – etwa dann, wenn der Käufer den Kaufpreis nicht bezahlt oder wenn die Immobilie zum Beispiel nach der Unterzeichnung des Kaufvertrags durch einen Brand zerstört wird. Ein Rücktritt wegen Mängeln ist dagegen beim Kauf einer gebrauchten Immobilie grundsätzlich nicht möglich, beim Kauf eines Neubaus vom Bauträger nur unter strengen Voraussetzungen.

7 Ein Haus mit einem Bauträger bauen

7.1 Den richtigen Bauträger finden

Wie findet man für das neue Eigenheim die passende Baufirma, die seriös und professionell arbeitet? Zunächst sollte sich der Bauherr überlegen, welchen Weg er einschlagen möchte: Arbeitet er mit einem Architekten zusammen und plant individuell oder kauft er lieber ein schlüsselfertiges Haus, das komplett von einem Bauträger oder Generalunternehmer gebaut wird? Der Markt ist groß, viele Anbieter buhlen um die Gunst des Bauherrn.

Wer ein Einfamilienhaus bauen möchte, sollte bei der Auswahl des Bauträgers darauf achten, dass der Anbieter auf Einfamilienhäuser spezialisiert ist. Neben der Spezialisierung spielen Erfahrung und Referenzen eine große Rolle. Wenn es Häuser in der Umgebung gibt, die die Firma gebaut hat, sollte man sich diese anschauen und die Hauseigentümer nach ihren Erfahrungen mit dem Unternehmen fragen. Man kann auch die Firma nach Referenzen fragen. Mit diesen Hausbesitzern kann der Bauherr dann persönlichen Kontakt aufnehmen. Unternehmen, die schon zahlreiche Häuser vor Ort gebaut haben, leben von ihrem guten Ruf. Eine Firma, die weit weg beheimatet ist, zieht oft den Bau durch und verschwindet danach wieder. Auch Mängel beseitigt sie später oft nur schleppend oder gar nicht mehr, weil die Anfahrt zu lange dauert.

Grundsätzlich sollte der Bauherr immer mehrere Angebote einholen und diese sorgfältig miteinander vergleichen. Zudem sollten Bauherren Wert darauf legen, einen Ansprechpartner zu haben und zum Beispiel vom Bauleiter die Handynummer zu bekommen. Diese Kontaktmöglichkeit sollte vor Vertragsschluss geklärt und in den Vertrag mit aufgenommen werden.

> **Achtung**
>
> Achtung bei Vermittlungsportalen! Vermittlerportale im Internet versprechen individuell ausgesuchte Firmenangebote, aus denen der Bauherr dann frei wählen darf. Allerdings sind diese Portale nicht nach Qualität ausgesucht. Der potenzielle Kunde muss viele persönliche Daten bis hin zu den Besitzverhältnissen seines Hauses angeben. Die Adressen werden dann oft weiterverkauft an Firmen, die dem Bauherrn dann Angebote unterbreiten. Dieses Geschäftsmodell bringt Bauherren keine Vorteile. Besser ist es, im Branchenverzeichnis nach Firmen zu suchen, die dann wirklich in der Nähe sitzen und nicht die Adresse des Bauherrn weitergeben. Ob die drei Firmen, die das Portal nennt, auch tatsächlich die besten sind, geschweige denn aus der Nähe kommen, ist mehr als fraglich. Deshalb lieber gut beleumundete Firmen aus der Region wählen, auch wenn sie etwas teurer sein sollten. Ortsansässige leisten oft bessere Arbeit, denn sie haben kurze Wege und pflegen ihren guten Ruf.

> **! Tipp**
> Von Baubeginn an sollte ein Sachverständiger regelmäßig den Bau begutachten, damit Mängel frühzeitig erkannt werden können.

Der Architekt wird in der Regel für die einzelnen Gewerke ausführende Firmen vorschlagen, die der Bauherr aber selbst beauftragen muss. Der Architekt weiß, welche Firmen gut zusammenpassen.

Wer dagegen selbst Baufirmen für bestimmte Aufgaben auswählen muss, sollte darauf achten, dass sie aus der Nähe kommen. Dann können sie auch bei unerwarteten Arbeiten schnell vorbeikommen. Außerdem haben lokale Firmen einen Ruf zu verlieren.

7.1.1 Schlüsselfertig bauen

Wer kein individuelles Haus mit dem Architekten planen möchte, kann ein Fertighaus erwerben. Dies ist eine Mischung aus Kaufvertrag für das Grundstück und Werkvertrag für den Bau des Hauses. Der Vertrag wird vor dem Notar abgeschlossen. Allerdings sind sich Bauherren oft nicht im Klaren, was sie unterschreiben. Deshalb sollten sie sich schon vor dem Unterzeichnen von einem unabhängigen Bausachverständigen beraten lassen und diesen in die Verhandlungen mit dem Bauträger einbeziehen.

7.1.2 Bauunterlagen aushändigen lassen

Nach Erfahrungen des Verbands Privater Bauherren e.V. fehlen oft Baupläne, Statik und energetischen Berechnungen. Die Pläne sind allerdings von elementarer Bedeutung: So muss etwa der Bauherr beziehungsweise sein Berater nachprüfen können, ob das Haus den Regeln entspricht und ob die Energieeinsparverordnung eingehalten und wie sie baulich umgesetzt wurde.

> **! Tipp**
> Bauherren sollten sich möglichst schon vor der Vertragsunterzeichnung alle bereits vorhandenen Planunterlagen aushändigen lassen, also alle Pläne, Berechnungen und wichtigen Qualitätsnachweise.

Auch nach dem Abschluss des Baus sollten Bauherren ihre Unterlagen vollständig beisammen haben. Der Grund: Sie sind später in der Pflicht, der Baubehörde die Rechtmäßigkeit des Hauses und aller Bauteile nachweisen zu können. Erfolgte ein Zuschuss der Kreditanstalt für Wiederaufbau (KfW), verlangt auch diese Nachweise mit den entsprechenden Berechnungen und Bescheinigungen.

Nur wer alle Baupläne und Berechnungen vorliegen hat, kann sie prüfen und unter Umständen nachverhandeln. Wer allerdings zu vorschnell seine Unterschrift unter das Vertragswerk setzt, hat das Nachsehen.

Checkliste: Dokumente, die sich der Bauherr noch vor Vertragsabschluss zur Überprüfung aushändigen lassen sollte

ARBEITSHILFE ONLINE

- Baugenehmigung oder Baufreistellungsunterlagen
- statische Berechnung und Positionspläne
- Wärmeschutznachweis und Wärmebedarfsausweis
- Schallschutznachweise
- Lüftungskonzept
- Bauausführungspläne

Checkliste: Baudokumente, die Bauherren nach der Bauabnahme in ihrem Besitz haben sollten

ARBEITSHILFE ONLINE

- Prüfberichte zur Statik und andere bautechnische Nachweise nach Landesrecht
- Abnahmeberichte der Prüfingenieure je nach Landesrecht
- alle Installationspläne
- Gewährsbescheinigung je nach Landesrecht
- Qualitätsnachweise für Baumaterialien
- bauaufsichtlicher Gebrauchsabnahmeschein je nach Landesrecht
- Schornsteinfegerabnahmescheine
- Bedienungsanleitungen und Garantieurkunden

7.2 Bauträgervertrag abschließen

Der Bauträgervertrag ist im BGB nicht explizit geregelt. Da in diesem Vertrag eine Vielzahl gesetzlich vorgesehener Vertragstypen enthalten ist, zum Beispiel Kaufvertrag, Werkvertrag über die Errichtung eines Gebäudes und Geschäftsbesorgungsverträge über die Baubetreuung, spricht man hier von einem sogenannten atypischen gemischten Vertrag oder auch typengemischten Vertrag (BGH, Urteil vom 18.9.2014, VII ZR 58/13).

Wer einen Bauträgervertrag abschließt, sollte sich über einige Risiken im Klaren sein, die mit dieser Form des Bauens zusammenhängen. Ein Unterschied zum klassischen Bauvertrag auf dem eigenen Grundstück besteht darin, dass der Verbraucher beim Bauträgervertrag nicht als Bauherr gilt, sondern als Käufer. Das Grundstück gehört erst einmal dem Bauträger, er tritt als Bauherr auf und verkauft das Grundstück mit einer Bauverpflichtung über ein Einfamilienhaus, eine Neubau-Eigentumswohnung oder eine sanierte Altbauwohnung.

Um nicht auf unseriöse Bauträger hereinzufallen, ist zu empfehlen, einen Firmencheck durchzuführen. Dabei wird auch die Fachkompetenz und wirtschaftliche Leistungskraft des ins Auge gefassten Vertragspartners eingeschätzt. Der Bauträger sollte vor dem Verkauf sein Eigentum am Baugrundstück nachweisen. Rechte des Erwerbers müssen durch eine Auflassungsvormerkung im Grundbuch gesichert, Baugenehmigung samt Abgeschlossenheitsbescheinigung bei Vertragsabschluss nachgewiesen werden. Beim Bauträgervertrag muss darauf geachtet werden, dass Bauverpflichtung, Bau- und Leistungsbeschreibung, Lageplan und Baupläne ausreichend beschrieben sind. In der Regel muss der Erwerber den Kaufpreis nicht erst nach mängelfreier Fertigstellung des Hauses und Eigentumsumschreibung zahlen. Sie sind stattdessen während der Bauphase gehalten, Abschlagszahlungen an den Bauträger zu leisten – ohne zunächst Eigentum am Grundstück und der bereits bezahlten Bauleistungen zu erhalten. Sie gehen also in finanzielle Vorleistung. Dies kann gefährlich werden. Bei einer Firmeninsolvenz kann das Geld unwiederbringlich weg sein, ohne dass Eigentum erworben wurde.

Im Bauträgervertrag fehlen häufig verbindliche Festlegungen zu Baubeginn, Bauzeit und Fertigstellungstermin, Sonderwünsche sind nicht aufgenommen. Auch das führt zu erheblichen finanziellen Risiken. Deshalb sollten dazu konkrete vertragliche Regelungen vereinbart werden.

Grundsätzlich muss nach den Vorschriften des Kaufvertragsrechts die Kaufsache frei von Rechten Dritter und mängelfrei übertragen werden (§§ 433 ff. BGB). Die Mängelgewährleistung an Teilen der Gewerke an sich richtet sich jedoch nach dem Werkvertragsrecht. Die maßgebliche Verjährungsfrist beträgt gemäß § 634a Abs. 2 BGB für Arbeiten an Bauwerken grundsätzlich fünf Jahre.

> **Achtung**
>
> Oft wird die Verdingungsordnung für Bauleistungen (VOB/B) als allgemeine Geschäftsbedingungen zur Grundlage des Vertrags gemacht. Die Verkürzung der Gewährleistungsfrist von fünf auf vier Jahre nach § 13 VOB/B ist allerdings grundsätzlich nicht möglich, wenn § 13 VOB/B isoliert ohne die sonstigen Vorschriften der VOB/B als AGB vereinbart wird.

Bevor der Bauherr den Bauträgervertrag unterschreibt, sollte er diesen ebenso wie die Bau- und Leistungsbeschreibungen von einem Fachmann prüfen lassen. Jede Leistung sollte ausführlich und verständlich beschrieben sein. Alle Leistungen und Angaben zu Qualität, Form, Abmessung und Fabrikat sollten im Bauträgervertrag festgeschrieben sein. Die Bau- und Leistungsbeschreibung wird zum Bestandteil des notariell zu beurkundenden Vertrags und meist als Anlage beigefügt. Sie gibt exakt vor, welche Arbeiten, Ausstattungen und Produktqualitäten das Unternehmen für den Festpreis leisten muss und wie die technische Konstruktion des Gebäudes angelegt ist. Der Bauherr kann nur das verlangen, was in der Beschreibung enthalten ist. Der Bauherr sollte darauf achten, dass die einzelnen Ausstattungselemente, die mit Hersteller und Typ angegeben sind, tatsächlich mit denen übereinstimmen, die er zuvor ausgewählt hat. Sonderwünsche, also Änderungen und Abweichungen von der Baubeschreibung, sollte man unbedingt in den Vertrag mit aufnehmen, ebenso eine Vereinbarung dazu, dass Kosten für Sonderwünsche mit dem Bauträger und nicht mit den Handwerkern abgerechnet werden.

7.2.1 Gewährleistungssicherheit vereinbaren

Zumindest 5% des Gesamtwerklohns sollte als Sicherheit für den Fall vereinbart werden, dass innerhalb der Mängelhaftungsfrist Schäden auftreten (§632a Abs. 3 BGB). Dieses Geld können Bauherren, die Abschlagszahlungen leisten, so lange von den ersten Abschlagszahlungen abziehen, bis die 5% des gesamten Werklohns erreicht sind. Das geht allerdings nur, wenn Unternehmer von sich aus keine anderen Sicherheiten anbieten. Stellt ein Unternehmer beispielsweise eine sogenannte Vertragserfüllungsbürgschaft, können Bauherren kein Geld einbehalten. In diesem Fall sollten Bauherren aber unbedingt prüfen, was die Bürgschaft wert ist: Wer stellt sie? Ist die Bürgin eine in Deutschland zugelassene Bank oder Versicherung? Wie lange läuft sie?

> **Achtung**
> Häufig sind Bürgschaftsformulare zeitlich befristet. Das ist nicht in Ordnung, denn Bauherren haben grundsätzlich das Recht auf eine zeitlich unbefristete Sicherheit.

> **Tipp**
> Beauftragen die Bauherren während des Baus Sonderwünsche und steigt deshalb der Werklohn während der Bauphase um über 10%, können die Bauherren auch auf diesen zusätzlichen Werklohn 5% Sicherheit fordern – was entweder durch einen weiteren Einbehalt oder durch die Übergabe einer ergänzenden Bürgschaft abgesichert werden kann.

Diese Gewährleistungssicherheit schützt den Auftraggeber bei einer Insolvenz des Bauträgers. Außer dem Einbehalt des Geldes besteht die Möglichkeit, diese 5% der Bausumme über eine Bankbürgschaft absichern zu lassen. Abschlagszahlungspläne, die bei der ersten Rate nicht deutlich auf diesen

Anspruch hinweisen, hat der BGH für unwirksam erklärt (Urteil vom 8.11.2012, VII ZR 191/12).

Allerdings reicht die Summe im Fall einer Insolvenz häufig nicht aus, die insolvenzbedingten Mehrkosten abzudecken und den Bau damit fertigzustellen. Noch illusorischer wird das, wenn es sich um eine größere Eigentumswohnanlage handelt, in der der Bauträger erst wenige Einheiten verkauft hat. Wie sollen dann 5% ausreichen, um das Gemeinschaftseigentum auch nur annähernd fertigzustellen? Verbraucherschutzverbände empfehlen daher grundsätzlich 10% Erfüllungssicherheit. Die müssen aber in den Vertrag hineinverhandelt werden.

Die Insolvenz des Bauträgers kann Bauherren in Verzweiflung stürzen. Besonders schwierig kann die Lösung werden, wenn es sich um eine Wohnungseigentumsgemeinschaft handelt. Denn bei einer Wohnanlage kann nicht einer diktieren, was gemacht wird, sondern alle Erwerber müssen zunächst ermittelt und ihre Wünsche koordiniert werden. Mit ins Boot müssen alle, die bereits mit einer Auflassungsvormerkung im Grundbuch stehen, und auch jene, die gerade ihren Vertrag beim Notar unterzeichnet haben. Dies gilt ebenfalls für den insolventen Bauträger, vor allem wenn noch Wohnungen unverkauft sind.

Wichtig ist auch der Zahlungsplan: Er sollte die Bauherren auf keinen Fall zur Vorkasse zwingen. Sind die Abschlagszahlungen höher als der jeweils tatsächliche Wert des Bauwerks, leisten die Bauherren Vorkasse. Wird dann die Firma insolvent, gehen diese Überzahlungen verloren.

> **! Tipp**
> Bauherren sollten auch während des Baus Abschlagsrechnungen immer erst überweisen, wenn ein eigener Bausachverständiger bestätigt hat, dass der Bauabschnitt fertig ist und keine Mängel aufweist. Und bis zur Beseitigung der Mängel sollten sie den entsprechenden Teil von der Rate zurückbehalten.

> **! Tipp**
> Bauherren sollten darauf achten, dass sie es bei der Bauabwicklung nicht mit zu vielen Vertragspartnern zu tun haben. Wer mit einem Architekten baut, kann sich direkt an diesen wenden, wenn Mängel auftreten. Dieser kann dann den Verursacher des Mangels ermitteln. Bei Beauftragung eines Generalunternehmers ist dieser ebenfalls Ansprechpartner bei allen Mängeln. Sind aber weder Architekt noch Generalunternehmer beteiligt, kann es passieren, dass sich die einzelnen Unternehmen später gegenseitig die Schuld zuschieben. Dann kann es schwierig werden, die Mängel beseitigen zu lassen.

7.2.2 Einzugstermin festlegen

Neun von zehn privaten Bauherren bauen heute nicht mehr mit einem Architekten, sondern kaufen ein schlüsselfertiges Haus. Einzugstermine werden in den Bauverträgen nur selten genannt. Rund die Hälfte aller Verträge setzt zwar einen Bauzeitraum nach Monaten und Wochen fest, wird aber häufig ergänzt um schwammige Verlängerungsklauseln, die den Bau in die Länge ziehen.

Die Gründe, weshalb sich Bauunternehmer nicht auf einen festen Termin einlassen, sind einleuchtend: Oft sind die Unsicherheiten, ob das Projekt überhaupt verwirklicht werden kann, groß. Manchmal dauern auch Planung und Umsetzung länger als gedacht. Feste Termine können grundsätzlich vereinbart werden. Allerdings ist dies nicht immer zum Vorteil des Kunden, da die Termine häufig erst in der weiteren Zukunft liegen. Deshalb sollte sich der Bauherr schon vor Vertragsabschluss von einem unabhängigen Experten erklären lassen, was auf ihn zukommt und was während der Bauzeit vom Bauherrn zu erledigen ist. Der Experte kann eine realistische Einschätzung geben, wann der Kunde mit seinem Einzug rechnen kann.

7.2.3 Die Abtretung der Gewährleistungsansprüche

Familie R. ist in ihr neues Heim gezogen. Die Freude am Eigenheim währt jedoch nicht lang. Kurz nach ihrem Einzug bemerken sie Feuchte an den Kellerwänden. Ein Sachverständiger stellt fest, dass die Dränage unzureichend ist und der Feuchtigkeitsschutzmantel schadhaft ist. Familie R. wendet sich an den Bauträger. Doch dieser winkt ab und verweist auf den Bauträgervertrag. Darin steht: »Bei den im Übergabeprotokoll nicht vermerkten Mängeln tritt der Verkäufer seine vertraglichen und gesetzlichen Gewährleistungsansprüche gegen die am Bau Beteiligten mit der formellen Übergabe des Baus an den Käufer ab.«

Der Bauträger verweist die Familie an den Handwerker, der den Keller abgedichtet hat. Doch dieser ist in der Zwischenzeit insolvent. Was tun?

Grundsätzlich ist immer der Bauträger verpflichtet, Fehler zu beseitigen, solange die Gewährleistungsansprüche noch nicht verjährt sind. Bei Arbeiten an einem Bauwerk ist dies erst nach fünf Jahren der Fall. Wenn der Bauträger seine Haftung im Vertrag einschränkt, stellt sich die Frage, ob dies zulässig ist. Eine Abtretung der Gewährleistungsansprüche vom Bauträger auf den Käufer hält der BGH zwar grundsätzlich für zulässig. Allerdings geht dies nur, wenn der Bauträger dem Erwerber eine Liste übergibt, auf der alle am Bau Beteiligten mit Name und Adresse aufgeführt sind. Der Erwerber braucht zudem den Vertrag mit dem Handwerker. Außerdem muss er den Zeitpunkt der Abnahme kennen, um die Verjährungsfrist berechnen zu können. Nur wenn der Bauträger dem Erwerber diese erforderlichen Angaben zur Verfügung stellt, ist die Abtretung der Gewährleistungsansprüche wirksam.

> **Tipp**
>
> Ist der Handwerker in Konkurs gegangen, lebt die Haftung des Bauträgers wieder auf. Voraussetzung ist, dass der Erwerber für die Erfolgsigkeit seines Versuchs, den Handwerker zu belangen, nicht verantwortlich gemacht werden kann.

> **Achtung**
>
> Diese Rechtsprechung gilt nur, wenn die Abtretung der Gewährleistungsansprüche formularmäßig in den allgemeinen Geschäftsbedingungen des Bauträgers aufgeführt ist. Handelt es sich um einen individuellen Vertrag, kann der Bauträger seine Haftung für einen Zeitpunkt nach der Abnahme völlig ausschließen. Auf einen solchen Individualvertrag sollte sich kein Erwerber einlassen!

ARBEITSHILFE ONLINE

> **Tipp**
>
> Ein Verbrauchervertrag für Bauleistungen (Einfamilienhaus/Schlüsselfertigbau) steht als Arbeitshilfe online zur Verfügung.

7.3 Der Zahlungsplan

Zahlungspläne sind neben der Bau- und Leistungsbeschreibung das A und O des Bauträgervertrags. Sie regeln, welcher Abschlagsbetrag wann und für welche Leistung bezahlt werden muss. Achtung: Oft setzen Firmen diese Abschlagszahlungen zu hoch an. So ist es keine Seltenheit, dass zum Zeitpunkt, an dem der Innenputz ansteht, bereits 80% der Gesamtsumme bezahlt sind. Praktisch stehen dann aber noch Arbeiten im Wert von rund 30 bis 35% der Bausumme aus. Wenn der Bauherr die überhöhten Abschläge bezahlt und die Firma insolvent wird, bleibt der Bauherr nicht nur auf einer unfertigen Bauruine sitzen, sondern verliert oft auch noch das vorausbezahlte Geld.

Deshalb ist es wichtig, bereits im Bauträgervertrag einen realistischen Zahlungsplan zu formulieren und die Zahlungen erst dann zu überweisen, wenn der entsprechende Bautenstand erreicht ist. Bei der Prüfung, ob der jeweilige Bautenstand erreicht ist, hilft der Architekt. Er prüft den Bau und klärt, ob der Bauabschnitt fehlerfrei ausgeführt wurde. Danach prüft er auch die Rechnung des Handwerkers und empfiehlt – sofern alles in Ordnung ist – seinem Bauherrn die Bezahlung der betreffenden Abschlagsrechnung.

7 Der Zahlungsplan

Allerdings bauen heute nur noch etwa 10 % der Bauherren mit einem freien Architekten. Die meisten entscheiden sich für ein schlüsselfertiges Haus. Sie schließen dazu mit einem Unternehmen einen Vertrag über die Erstellung des Hauses. Solche Verträge berücksichtigen häufig einseitig die Interessen des Unternehmens. So leisten viele Immobilienkäufer unwissentlich Vorkasse, weil der im Vertrag vereinbarte Zahlungsplan sie übervorteilt.

Deshalb kommt es auch beim Bauen mit einem Bauträger auf den Bautenstand an. Im Gegensatz zu Generalunternehmer und Generalübernehmer, die die Bauverträge frei verhandeln dürfen, ist der Bauträger an die Makler- und Bauträgerverordnung (MaBV) und die Abschlagszahlungsverordnung gebunden. Allerdings fordern auch viele Bauträger Abschlagszahlungen, obwohl der Bau noch gar nicht dem im Zahlungsplan beschriebenen Stand entspricht. Will sich der Bauherr gegen diese Art der Übervorteilung schützen, muss er vor der Bezahlung jeder Abschlagsrechnung prüfen lassen, ob der Bautenstand die Abschlagszahlung auch rechtfertigt.

Vertrag und Zahlungsplan sind Verhandlungssache. Allerdings unterliegen alle Bauträgerverträge, die der Bauherr mit einem Bauträger abschließt, der Makler- und Bauträgerverordnung und der Abschlagszahlungsverordnung.

Der Ratenzahlungsplan nach der Makler- und Bauträgerverordnung
Die folgende Auflistung zeigt die Fälligkeit der Raten in Abhängigkeit vom Bautenstand:

30,0 %	**nach Beginn der Erdarbeiten**
28,0 %	nach Rohbaufertigstellung
5,6 %	nach Herstellung der Dachflächen und -rinnen
2,1 %	nach Rohinstallation Heizung
2,1 %	nach Rohinstallation Sanitär
7,0 %	nach Fenstereinbau einschließlich Verglasung
4,2 %	nach Innenputz (ohne Beiputzarbeiten)
2,1 %	nach Estrichfertigstellung
2,8 %	nach Fliesenarbeiten Sanitär
8,4 %	nach Bezugsfertigkeit Zug um Zug gegen Übergabe
2,1 %	nach Abschluss der Fassadenarbeiten
3,5 %	nach vollständiger Fertigstellung

Diese gesetzlichen Vorgaben gelten dagegen nicht bei einem Bau mit dem Generalunternehmer (GU) oder Generalübernehmer (GÜ). Auch hier wird fast immer ein Zahlungsplan vom Unternehmen vorgegeben. Da alles Verhandlungssache ist, müssen Bauherren doppelt aufpassen: einmal auf einen Zahlungsplan, der sie zur Vorkasse verpflichtet, und zum anderen auf ungerechtfertigte Abschlagsrechnungen, bei denen der Bautenstand noch nicht dem vereinbarten Zahlungsplan entspricht.

Der Zahlungsplan sollte sich immer am Bauablauf orientieren. Der kann von Bauvorhaben zu Bauvorhaben sehr unterschiedlich sein. Grob kann sich der Bau in etwa so finanzieren: Die ersten 5 % der Bausumme werden nach Vorlage der kompletten Bauunterlagen mit Bauantrag beziehungsweise der Bauanzeige, mit Statik, Wärmeschutznachweis und Entwässerungsplanung sowie der Ausführungsplanung fällig. Die nächste Rate von etwa 18 % wird fällig, wenn das Erdgeschoss einschließlich Decke im Rohbau fertig ist. Mit etwa 25 % sollte der Bauherr rechnen, sobald der Rohbau steht, einschließlich der Dachdeckung sowie aller Klempner-, Spengler- und Flaschnerarbeiten. Etwa 9 % kann der Unternehmer in Rechnung stellen, sobald die Rohbauinstallation der Haustechnik abgeschlossen ist. Noch einmal 10 % kann er fordern, wenn die Fenster eingebaut wurden. Sind Trockenbau, Innenputz und Estrich fertig, stehen der Firma weitere 13 % zu. Weitere 15 % sollten bei Abnahme des Hauses gezahlt werden, die restlichen 5 % nach vollständiger Fertigstellung und Beseitigung aller Mängel.

ARBEITSHILFE ONLINE

Checkliste: Zahlungsplan

- den Bauvertrag mit Zahlungsplan vor der Unterschrift von einem Sachverständigen prüfen lassen
- sich nicht auf einen überzogenen Zahlungsplan einlassen
- sich über Bürgschaften und Sicherheiten beraten lassen
- sich nicht auf kurzfristige Änderungen am Zahlungsplan oder Vertrag einlassen
- Abschlagszahlungen erst dann bezahlen, wenn im Grundbuch die Auflassungsvormerkung eingetragen wurde
- bedenken, dass Abschlagszahlungen auch erst dann fällig werden, wenn der Sachverständige geprüft hat, ob der Bautenstand erreicht und der Bauabschnitt ohne Mängel ist
- die Abschlussrechnung nicht vor der förmlichen Abnahme bezahlen
- einen Sachverständigen zur Abnahme mitnehmen
- die Abschlussrechnung nicht komplett bezahlen, bevor alle Restarbeiten erledigt und Mängel behoben sind

7.4 Die Bauhandwerkersicherung

Nach §648a BGB kann der Unternehmer eines Bauwerks vom Auftraggeber eine Sicherheit in Höhe des Wertes seiner zu erbringenden Vorleistungen verlangen. Wird die Sicherheit nicht erbracht, kann der Unternehmer seine Leistung verweigern oder den Vertrag kündigen und Ersatz seines Vertrauensschadens verlangen. Schon nach Unterzeichnung des Bauvertrags und bevor er mit den Bauarbeiten begonnen hat, kann der Auftragnehmer auf Leistung einer Sicherheit in Höhe der vereinbarten Vergütung bestehen und sie gegebenenfalls einklagen. Dazu braucht der Auftragnehmer nur den schriftlichen Bauvertrag vorzulegen. Der Bauunternehmer hat somit das Recht, jederzeit auch nach der Abnahme eine Sicherheit für die noch nicht gezahlte Vergütung zu verlangen. Dies gilt auch dann, wenn der Auftraggeber, also der Bauherr, noch eine Mängelbeseitigung fordert. Ausnahme: Für Arbeiten an einem Einfamilienhaus kann keine Bauhandwerkersicherung verlangt werden.

Ansonsten kann der Unternehmer auch noch nach Kündigung des Bauvertrags eine Sicherheit für die noch nicht bezahlte Vergütung verlangen, allerdings muss er dann die ihm nach Kündigung regelmäßig geringere Vergütung schlüssig berechnen (BGH, Urteil vom 6.3.2014, VII ZR 349/12).

> **Achtung** !
>
> Die größten Mängel in einem Bauvertrag sind:
> - unklare Rücktrittsvoraussetzungen vom Vertrag
> - unklare und unvollständige Leistungsbeschreibungen
> - Änderungsvorbehalte zugunsten des Bauunternehmers
> - Bauzeit ist nicht mit konkretem Kalenderdatum fixiert
> - unzureichende Vertragsstrafenregelung bei Unpünktlichkeit des Unternehmens
> - unwirksame Abschlagszahlungspläne, die massive Überzahlung enthalten
> - unzulässige Vorbehalte zur Preisanpassung
> - keine Sicherheit für den Bauherrn in der Gewährleistungszeit
> - unzulässige Beschränkung der Mängelrechte des Bauherrn
> - unwirksame Vergütungspauschalen für den Fall einer Vertragskündigung des Bauherrn
> - unwirksame salvatorische Klauseln

7.5 So kann sich der Bauherr auf der Baustelle einbringen

7.5.1 Ein Bautagebuch führen

Sobald die Handwerker mit dem Bau eines Hauses begonnen haben, sollte der Bauherr möglichst häufig auf der Baustelle sein. Zwischenabnahmen – am besten mithilfe eines sachverständigen Experten – verhindern weitgehend, dass sich Fehler und Mängel einschleichen. Mithilfe eines Bautagebuchs hat der Bauherr den Bau gut im Blick. Im Bautagebuch wird der chronologische Ablauf des gesamten Baugeschehens festgehalten. Ein gut geführtes Bautagebuch kann helfen, Ursachen von Problemen und Mängeln zu rekonstruieren. So lässt sich noch nach Jahren herausfinden, wo welche Elektroleitungen verlegt und welche Farben und Baustoffe verwendet wurden. Jeder Baustellentermin wird im Bautagebuch festgehalten: also Datum, Uhrzeit, die am Treffen beteiligten Personen mit Namen und ihre Aufgaben. Auch Hinweise zum Wetter können später hilfreich sein, wenn es etwa darum geht, bei welchen Temperaturen welche Bauschritte vorgenommen wurden. Alle Baumaßnahmen sollten mit Fotos festgehalten werden. Auf Detailaufnahmen sollte ein Zollstock zu sehen sein, damit die Größenverhältnisse erkennbar sind.

> **Tipp**
> Je lückenloser die Dokumentation, desto leichter lassen sich später Probleme nachvollziehen. Ein Sachverständiger kann dabei helfen, dass die Einträge im Bautagebuch lückenlos sind.
> Man sollte auch sämtliche Rohre und Leitungen fotografieren, bevor diese verputzt werden.

7.5.2 Eigenleistungen integrieren

Beim Bau eines Reihenhauses lassen sich bis zu 25.000 Euro durch Eigenleistungen sparen. Hobbyhandwerker sollten wissen, was sie sich zutrauen können, wo Risiken lauern und wie sie Gewerke koordinieren. Insbesondere wer mit einem Bauträger baut, muss sich schon im Kaufvertrag gut abstimmen. Wer nicht genügend Eigenkapital zur Hausfinanzierung hat, kann einen Teil der Kosten durch Eigenleistung ersetzen. Banken erkennen bis zu 15% der gesamten Bausumme als Eigenleistung an.

Allerdings sollten Bauherren die eigene Leistungsfähigkeit nicht überschätzen. Wer selbst baut, braucht das notwendige Know-how und sehr viel Zeit. Schließlich sind Bauherren ohnehin gefordert, weil sie für den reibungslosen

Ablauf auf der Baustelle sorgen und die Arbeiten kontrollieren müssen. Eigenleistungen können daher schnell zu einer Überforderung führen. Wer sich übernimmt, riskiert Pfusch am Bau und Verzögerungen. Folge: Die Bauzeit verlängert sich, Nachbesserungen verteuern den Bau und die Kosten der Zwischenfinanzierung steigen. Damit sich der Bauherr mit seiner Muskelhypothek nicht übernimmt, sollte der künftige Eigentümer die Eigenleistung nur auf maximal 5 bis 10 % der Gesamtkosten beschränken.

7.5.2.1 Absprachen im Vertrag

In jedem Fall sollte die Eigenleistung vertraglich klar geregelt werden. Dann weiß der Kunde genau, wie viel er an Kosten einspart. Nachträgliche Regelungen kosten mehr. Auch für den Bauunternehmer ist Transparenz wichtig bei der Frage, welche Leistungen er zu erbringen hat und welche nicht. Nicht außer Acht lassen darf der Bauherr die Tatsache, dass er häufig Fliesen oder Farben teurer einkaufen muss als der Bauunternehmer, der oft von Mengenrabatten profitiert. Obendrein muss häufig erst das passende Werkzeug angeschafft werden. Außerdem fehlt Laien die Routine für die handwerklichen Arbeiten. Erfahrungsgemäß schaffen sie höchstens zwei Drittel der Leistung eines Profis. Man sollte sich also kritisch fragen, ob die Eigenleistung sich überhaupt lohnt.

Damit es nicht zu zeitlichen Verzögerungen kommt, müssen Eigenleistungen exakt in den Bauablauf integriert werden. Dies gilt insbesondere dann, wenn der Bauherr mit einem Generalunternehmer oder Bauträger baut. Dabei sollte man sich schon vorab die Hilfe von Bausachverständigen holen. Welche Eigenleistungen der Bauherr dann erbringen soll, muss genau mit dem Anbieter abgestimmt werden. Die Vertragspartner sollten insbesondere die Schnittstellen zwischen Fremd- und Eigenleistungen exakt definieren, und zwar sowohl in organisatorischer als auch in zeitlicher und technischer Hinsicht. Nur so lassen sich Leistungslücken vermeiden. Zudem muss auch geklärt werden, wer wofür haftet, wenn durch Eigenleistungen Schäden entstehen und es zu Verzögerungen kommt.

7.5.2.2 Welche Gewerke sich für Eigenleistungen eignen

Nicht alle Arbeiten eignen sich als Eigenleistung für den Bauherrn. Besonders vorsichtig sollten Laien bei Arbeiten sein, bei denen Mängel weitreichende Konsequenzen für den gesamten Bau haben. Einige Gewerke, wie zum Beispiel Heizungs- und Elektroinstallation, gehören in die Hand von Fachfirmen. Dies gilt auch für die Gas- und Wasserinstallation. Was sich Bauherren zutrauen, sind vor allem Ausbauarbeiten und die Gestaltung der Außenanlagen. Grundsätzlich sollte man solche Gewerke bevorzugen, die einen hohen Lohn- und geringen Materialanteil enthalten. Lohnkosten sind teuer und schlagen in vollem Umfang für die Bauherren zu Buche. Von Spezialgewerken sollte man besser die Finger lassen – sie setzen häufig eine besondere fachliche Qualifikation voraus. Wer dies nicht beachtet, sich überschätzt und dabei Fehler macht, riskiert seine Gewährleistungsansprüche. Dann kann auch Streit darüber entstehen, wer den Mangel verursacht hat: der Bauherr durch seine nicht fachgerechte Eigenleistung oder die Baufirma. Grundsätzlich gibt es auf Eigenleistungen keine Gewährleistung.

> **Tipp**
>
> Auf der sicheren Seite sind Bauherren, wenn sie nur Arbeiten übernehmen, die erst anfallen, wenn der eigentliche Bau fertig und das Haus abgenommen ist. Außerdem: Bei Fertighäusern oder Produkten vom Bauträger wird die Leistung des Bauherrn häufig relativ gering angesetzt. Der Käufer hat dann eine schlechte Verhandlungsposition und verkauft seine Eigenleistung unter Wert.

Ohne die Mithilfe von Familienmitgliedern und Freunden ist die Eigenleistung oft nicht zu bewältigen. Der Bauherr muss dann für den Arbeitsschutz und eine Versicherung seiner Helfer sorgen. Damit auch auf der privaten Baustelle die gesetzliche Unfallversicherung greift, muss der Bauherr alle privaten Helfer spätestens eine Woche nach Baubeginn bei der Berufsgenossenschaft, also der BG Bau, anmelden. Wer seine Helfer nicht anmeldet, riskiert eine Strafe in Höhe von bis zu 2.500 Euro. Für die Anmeldung genügt eine Postkarte an eine der acht deutschen Bezirksverwaltungen. Darauf müssen Bauobjekt, Baubeginn, Wohnadresse und Baustellenanschrift angegeben werden. Daraufhin bekommt der Bauherr einen Meldebogen zugeschickt, in den er seine Helfer namentlich einträgt. Die BG Bau kommt für Arbeitsunfälle auf der Baustelle sowie für Wegeunfälle zwischen Wohnung und Baustelle auf. Nähere Informationen lassen sich unter www.bgbau.de finden.

7.5.2.3 Der Wert der Eigenleistung

In einem ersten Gespräch mit der finanzierenden Bank wird geklärt, wie die Finanzierung aufgebaut wird. Man ermittelt die Gesamtkosten, die Darlehenssumme und die Höhe des Eigenkapitals. Die Eigenleistung ersetzt einen Teil des Eigenkapitals. Die Höhe der Eigenleistung ist abhängig davon, welche Gewerke der Kunde selbst vornehmen will und welche handwerklichen Fähigkeiten er besitzt. Um den Wert der Eigenleistung objektiv beurteilen zu können, wird diese nach Lohn- und Materialkosten aufgeschlüsselt. Der Wert der Eigenleistung bemisst sich nur nach den eingesparten Lohnkosten. Diese sollten sowohl vom Kunden wie auch vom Finanzierer konservativ, also nicht überhöht angesetzt werden.

Wichtig ist, den erforderlichen Zeitbedarf für die Eigenleistung richtig einzuschätzen. Da die Arbeiten aufeinander abzustimmen sind, muss der Bauherr seine Eigenleistung in einem bestimmten Zeitraum erledigen. Kann er diesen nicht einhalten, muss er unter Umständen externe Firmen beauftragen. Dies kann ihn teuer zu stehen kommen, eventuell ist dann sogar eine Nachfinanzierung erforderlich.

> **Tipp**
> Eigenleistungen sind nur dann wirklich sinnvoll, wenn man die handwerklichen Fähigkeiten hat und eventuell auch eine entsprechende Anzahl von Helfern zur Verfügung steht, die handwerkliches Geschick haben. Das ist vor allem dann wichtig, wenn der Bauherr noch berufstätig ist. Man sollte deshalb eine Vergleichsrechnung aufstellen: Wer etwa extra für den Hausbau unbezahlten Urlaub nimmt, sollte genau abwägen, ob der entgangene Lohn über die Eigenleistung kompensiert werden kann.
> Der Bauherr sollte seine praktischen und tatsächlichen Möglichkeiten, sich beim Bau selbst einzubringen, zusammen mit der Bank realistisch einschätzen und sich – in seinem eigenen Interesse – dabei nicht überschätzen. Sonst kommt es unweigerlich zu finanziellen Problemen.

Schon vor Vertragsabschluss sollte der Bauherr sich von der Baufirma eine Aufstellung über die Material- und Lohnkosten für die gewünschten Eigenleistungen erstellen lassen. Sinnvoll ist es, sich die benötigten Materialien gleich mitbestellen zu lassen, da die Handwerksfirmen die Baustoffe meist günstiger beziehen können.

Grundsätzlich sollte man nur solche Tätigkeiten übernehmen, die sich von den Vertragsleistungen der Hausbaufirma oder des Bauträgers konkret abgrenzen lassen. Um den vertraglichen Fertigstellungstermin einhalten zu können, muss der eigene Einsatz mit dem Architekten und der Hausbaufirma/ dem Bauträger genau abgestimmt werden. Die vereinbarte Eigenleistung und die damit verbundenen Gutschriften sollten im Vertrag verbindlich geregelt werden.

> **Tipp**
> Die Baufirma übernimmt für Eigenleistungen und damit verbundene Folgeschäden keine Garantie. Auch gegenüber den Bauhelfern können keine Regressansprüche geltend gemacht werden. Um sich Gewährleistungsansprüche zu sichern, muss im Vertrag sorgfältig formuliert werden, wo genau die Leistung der Profis aufhört und

die des Bauherrn beginnt. Auf der sicheren Seite ist der Bauherr, wenn er die Vorarbeiten der Firma gründlich auf Mängel überprüft und im Zweifel Nachbesserungen fordert. Erst nach der Abnahme sollte er mit der Eigenleistung beginnen. Auch sollte der Bauherr sein Teilwerk vom Bauleiter abnehmen lassen, bevor der nächste Fachmann mit der Arbeit beginnt.

Diese Arbeiten können in Eigenleistung erbracht werden

Gewerke, die sich für die Eigenleistung eignen	Ersparter Anteil an der gesamten Bausumme
Außenanlagen	ca. 1%
Trockenbau mit Wärmedämmung	ca. 2%
Fliesen und Platten legen	ca. 1%
Bodenbeläge verlegen	ca. 2%
Maler- und Tapezierarbeiten	ca. 2%
Zimmertüren setzen	ca. 1%

7.6 Schutz vor Pfusch und Pleiten

Wer auf Nummer sicher gehen will, sucht sich vor Beginn des Baus einen sachverständigen Begleiter. Der Experte prüft die einzelnen Bauschritte und kann frühzeitig Mängel beziehungsweise Pfusch erkennen.

Die Kosten für die Beratung variieren je nach zeitlichem Aufwand. Bei einem normalen Einfamilienhaus wird für diese Kosten etwa 1% der Bausumme veranschlagt.

! Tipp

Als Bauherr sollte man sich nicht scheuen, Geld in unabhängige Sachverständige zu investieren. Das kann sich auszahlen: Nach einer Studie der DEKRA gibt es bei jedem Bau durchschnittlich 32 Mängel. Dies kann den Bauherrn viel Geld kosten und Ärger verursachen. Das kann man vermeiden, indem man von vornehereín einen Fachmann hinzuzieht.

Wer Pfusch und Pleiten vermeiden will, sollte also folgende Punkte beachten:

Schutz vor Pfusch:
- schon vor Vertragsabschluss alle Vertragsunterlagen durch einen neutralen Fachmann prüfen lassen

- von Baubeginn an das Objekt bezüglich aller Leistungen auf fachlich korrekte Ausführung prüfen
- eine baubegleitende Beratung in Auftrag geben, um bei eventuellen Mängeln zeitnah einschreiten zu können
- überprüfen, ob der Baufortschritt gemäß Ratenplan erfolgt und der jeweilige Bauabschnitt mängelfrei ist
- zur Abnahme einen Fachberater hinzuziehen

Schutz vor Pleiten:
- die Solidität eines Unternehmens prüfen, indem man eine Wirtschaftsauskunft einholt
- Referenzen prüfen und andere Bauherren auf ihre Erfahrungen ansprechen
- den Bauträgervertrag von fachkundigen Juristen beziehungsweise einem Fachanwalt prüfen lassen
- vertraglich vereinbaren, dass bei Insolvenz alle Unterlagen und Rechte vom Unternehmer auf den Bauherrn übergehen, sodass weitergebaut werden kann
- Zahlungspläne so abfassen, dass der Wert eingebauter Leistungen ausreichend größer ist als die geleisteten Zahlungen
- vom Unternehmen verlangen, dass es eine Bankbürgschaft abschließt
- vom Unternehmen verlangen, dass es eine Konkursversicherung abschließt, die das Risiko der Zahlungsunfähigkeit übernimmt und das Weiterbauen ermöglicht
- keineswegs mit Zahlungen in Vorleistung treten, schon gar nicht, wenn der Bauträger Zahlungen auf ein fremdes – also nicht sein eigenes – Konto verlangt. Die Zahlung erfolgt erst nach entsprechendem Baufortschritt.

7.7 Wichtige Versicherungen für Bauherren

Baustellen sind gefährlich, nicht nur für spielende Kinder, sondern auch für Nachbarn, Besucher oder den Bauherrn selbst. Da kann es passieren, dass jemand von einem herabstürzenden Balken verletzt wird oder in den offenen Kellerschacht fällt. Für den Bauherrn kann das teuer werden. Schließlich kann er dafür verantwortlich sein, dass von der Baustelle keine Gefahren für Dritte ausgehen. Im Unglücksfall drohen ihm Schadensersatzansprüche – Grund genug, sich während eines Baus gut abzusichern.

> **Beispiel**
>
> Ein privater Bauherr ging im Obergeschoss seines Baus dem Verdacht nach, dass eine Wand falsch gesetzt wurde. Dabei stürzte er durchs Treppenhaus bis in den Keller und verletzte sich dabei schwer. Seinen Schadensersatzanspruch gegen den

> Generalunternehmer und dessen Bauleiter wies das Oberlandesgericht Koblenz ab. Dies lag allerdings nur daran, dass die Treppe am Gerüst fehlte, sodass der Unternehmer nicht habe damit rechnen müssen, dass der Bauherr ins Obergeschoss gehen würde. Der Bauherr hielt sich auch zu Recht auf der Baustelle auf, weil es sich um sein eigenes Grundstück handelte. Deshalb habe keine Verkehrssicherungspflicht des Generalunternehmers bestanden (OLG Koblenz, Urteil vom 5.3.2014, 5 U 1090/13).

Anders hätte der Fall entschieden werden können, wenn es sich um ein Bauträgerobjekt gehandelt hätte. In diesem Fall ist der Bauträger Grundstückseigentümer und nicht der Bauherr selbst. Ohne Einverständnis des Bauträgers sollte ein Bauherr daher nicht die Baustelle betreten. Bei unbefugtem Betreten der Baustelle könnte dann die Haftung des Bauträgers bei einem Unfall ausgeschlossen sein.

Klauseln in Bauverträgen, die die Haftung für Schäden des Bauherrn bei Besichtigungen des Bauvorhabens komplett ausschließen, sind oft unwirksam. Für Schäden an Leben, Gesundheit und Körper gibt es keine Freizeichnung durch allgemeine Geschäftsbedingungen.

Baut der Bauherr dagegen auf eigenem Grund und Boden, sollte er die Verkehrssicherungspflicht in vollem Umfang auf den Fertighausanbieter übertragen. Diese Übertragung entlastet aber nicht in jedem Fall von einer Haftung. Bei Besichtigungen muss darauf geachtet werden, dass der mit der Verkehrssicherung Betraute diese auch ordnungsgemäß erfüllt. Bei Eigenleistungen muss der Bauherr entweder selbst für die entsprechenden Sicherungsmaßnahmen sorgen oder diese vertraglich auf einen Dritten übertragen und diesen dann wieder entsprechend überwachen.

7.7.1 Haftpflichtversicherungen

Wer einen Hausbau plant, sollte schon beim Kauf des Grundstücks eine Bauherrenhaftpflichtversicherung abschließen, wenn er das Gebäude innerhalb von zwei Jahren fertigstellen will. Wer dagegen noch längere Zeit mit dem Bauen warten möchte, sollte eine Haus- und Grundbesitzerhaftpflichtversicherung erwerben, die alle Ansprüche Dritter hinsichtlich des unbebauten Grundstücks absichert.

Die Prämie der Bauherrenhaftpflichtversicherung hängt von der jeweiligen Bausumme des Projekts ab. Sie berechnet sich mit einem Beitragssatz, individuell abhängig von der jeweiligen Versicherungsgesellschaft. Bei Abschluss der Bauherrenhaftpflichtversicherung gibt der Bauherr die voraussichtliche Bausumme bekannt. Die Prämie wird dann nach Fertigstellung des Bauprojekts anhand der tatsächlichen Bausumme abgerechnet.

7.7.2 Bauleistungsversicherung

Auch für die Bauzeit sind Risiken abzusichern, und zwar für den Fall, dass Teile des Rohbaus oder Baumaterialien zerstört oder beschädigt werden. So kann beispielsweise der frisch gegossene Estrich nach einem Wolkenbruch durch eindringenden Schlamm unbrauchbar werden. Denkbar ist auch, dass Wände mit Graffitis beschmiert, Scheiben eingeschlagen oder Türen eingetreten werden. Für solche Fälle gibt es die Bauleistungsversicherung. Sie sichert auch den Diebstahl wertvoller Materialien wie Stahl oder Eisen ab. Die Höhe der Versicherungssumme richtet sich nach den Baukosten. Dazu zählen die Grundstücks- und Erschließungskosten, geschätzte Handwerkerrechnungen, Ausgaben für notwendige Baustoffe und Fertigbauteile, die Kosten für Außenanlagen wie Zuwege und Wegbefestigungen sowie vorgesehene Eigenleistungen.

7.7.3 Feuerrohbauversicherung, Baufertigstellungs- und Baugewährleistungsversicherung

Schutz vor Schäden am Rohbau durch Brand, Blitzschlag oder Explosion bietet die Feuerrohbauversicherung. Die Baufertigstellungs- und Baugewährleistungsversicherung sichert den Bauherrn gegen eine Insolvenz des Bauunternehmens ab. Sie erfasst das Risiko, dass der Bauherr während der Bauphase einen anderen Unternehmer oder Handwerker für höhere Kosten beauftragen muss oder womöglich einen Vorschuss an den leistungsunfähigen Bauunternehmer bezahlt hat, für den die Gegenleistung noch nicht erfolgt ist. Die Versicherung muss immer der Bauunternehmer abschließen. Vorteilhaft für den Bauherrn ist auch, dass der Versicherer das Bauunternehmen einer Solvenzprüfung unterzieht.

> **Tipp**
> Als Bauherr sollte man immer darauf bestehen, dass die Firma vor der Auftragsvergabe den Abschluss einer solchen Versicherung, die zugunsten des Bauherrn abgeschlossen wird, nachweist.

7.8 Keine gute Idee: Schwarzarbeit

Die Sparsamkeit eines Bauherrn kann diesem zum Verhängnis werden. Denn wer Handwerker oder Architekten schwarz beschäftigt, muss für Mängel laut Rechtsprechung selbst aufkommen.

Das Oberlandesgericht Stuttgart gab einem Architekten recht. Der Bauherr hatte seinen Architekten auf Schadenersatz in Höhe von circa 130.000 Euro verklagt. Der Architekt hatte die Beschaffenheit des Bodens in seiner Planung für ein Haus nicht korrekt berücksichtigt. Keiner der am Bau Beteiligten hatte bemerkt, dass sich die Bodenplatte des Hauses schon während der Bauphase um circa sieben Zentimeter neigte. So wurde der Rohbau samt Dach fertiggestellt. Erst danach wurde der Fehler bemerkt und die weiteren Arbeiten gestoppt.

Klarer Fehler des Architekten, entschieden die Richter. Seine Leistung sei mangelhaft. Dennoch entschieden sie, dass dem Bauherrn gegen den Architekten kein Schadensersatzanspruch zustünde. Der Grund: Ihm waren seinerzeit bei der Beauftragung des Architekten die Kosten als zu hoch erschienen. Deshalb hatte er diesen gebeten, einen Teil des Architektenhonorars ohne Umsatzsteuer zahlen zu dürfen. Der Architekt willigte in diese Teil-Schwarzarbeit ein. Das Gericht hielt deshalb den gesamten Vertrag für ungültig. Der Vertrag mit dem Architekten ist ein Werkvertrag. Folge: Wird der Vertrag für unwirksam erklärt, kann der Auftraggeber keine Mängel geltend machen und den Auftragnehmer nicht in Regress nehmen (OLG Stuttgart, Urteil vom 10.11.2015, 10 U 14/15).

Mit einer solchen Rechtsprechung soll Steuerhinterziehung bei Bauprojekten eingedämmt werden. Schwarzarbeit kann somit richtig teuer werden. Architekten, die sich auf solche Nebenabreden einlassen, müssen mit strafrechtlichen Konsequenzen rechnen. Zudem droht ihnen Ärger mit der zuständigen Architektenkammer. Denn die Berufspflichten regeln klar, dass der Auftragnehmer für klare Vereinbarungen mit dem Bauherrn sorgen muss. Bittet ihn dieser um Schwarzarbeit, muss der Architekt ablehnen.

Kein Wertersatz bei Schwarzarbeit
Ist ein Werkvertrag wegen Verstoß gegen das Schwarzarbeitsbekämpfungsgesetz nichtig, kann der Unternehmer vom Besteller keinen Wertersatz wegen bereits erbrachter Bauleistungen fordern.

> **Beispiel**
>
> Ein Unternehmer hatte mit dem Auftraggeber einen Pauschalpreis vereinbart. Daneben sollten weitere 5.000 Euro in bar gezahlt und für diesen Betrag keine Rechnung gestellt werden. Beide Seiten stritten später über erbrachte Werkleistungen und den Werklohn. Der Bundesgerichtshof verwehrte dem Unternehmer den Anspruch. Er sah in der Abrede über die Barzahlung an der Steuer vorbei einen Verstoß gegen das Schwarzarbeitsbekämpfungsgesetz. Dieser habe zur Nichtigkeit des gesamten Werkvertrags geführt (BGH, Urteil vom 10.4.2014, VII ZR 241/13).

Wer mit dem Bauunternehmer vereinbart, dass der Werklohn ohne Umsatzsteuer gezahlt wird, hat ebenfalls keinen Anspruch auf Rückzahlung, wenn die Werkleistung mangelhaft ist.

> **Beispiel**
>
> Der Bauherr hatte das Unternehmen mit der Ausführung von Dachausbauarbeiten beauftragt. Vereinbart wurde ein Werklohn von 10.000 Euro ohne Umsatzsteuer. Der Unternehmer führte die Arbeiten aus und stellte eine Rechnung ohne Steuerausweis. Der Bauherr zahlte den Betrag, verlangte wegen Mängeln aber später 8.300 Euro zurück. Der Bundesgerichtshof wies die Klage des Bauherrn auf Rückzahlung zurück. Der Bauunternehmer habe bewusst gegen das Schwarzarbeitsbekämpfungsgesetz verstoßen, indem er mit dem Bauherrn vereinbart hatte, dass für den Werklohn keine Rechnung mit Steuerausweis gestellt und keine Umsatzsteuer gezahlt werden sollte. Der Bundesgerichtshof hatte schon wiederholt entschieden, dass in solchen Fällen weder Mängelansprüche des Bestellers noch Zahlungsansprüche des Werkunternehmers bestehen (BGH, Urteil vom 11.6.2015, VII ZR 216/14).

7.9 Wenn der Bauträger pleite ist

Wenn die Baufirma während des Baus pleite geht, ist das für viele Bauherren eine Katastrophe. Der Einzug verzögert sich um Monate und man verliert viel Geld. Die Konsequenzen sind unterschiedlich, je nachdem, ob die insolvente Firma ein Bauträger oder ein Generalunternehmer ist. Zwar errichten alle Firmen schlüsselfertige Häuser. Allerdings bauen Generalunternehmer (GU) oder Generalübernehmer (GÜ) stets auf dem Grundstück der Bauherren. Der Bauträger dagegen verkauft die Immobilie und den Bauplatz aus einer Hand. Er baut auf eigenem Grund und Boden und bleibt auch bis zur Übergabe selbst Bauherr und Eigentümer des Grundstücks.

Je nach Modell haben Firmenpleiten für Bauherren unterschiedliche Konsequenzen: Während Bauherren, die mit GÜ oder GU bauen, im Fall einer Insolvenz noch ihr eigenes Grundstück behalten und ihnen auch das, was bereits dort gebaut wurde, gehört, können Bauherren, die sich und ihr Geld einem insolventen Bauträger anvertraut haben, komplett leer ausgehen.

7.9.1 Die Insolvenz des Generalübernehmers oder Generalunternehmers

Liegt eine Insolvenz vor, dürfen Bauherren keine Fehler machen: Sie müssen zunächst die Entscheidung des Insolvenzverwalters abwarten. Dafür braucht es allerdings Geduld: Ab Beantragung des Insolvenzverfahrens stockt das Bauvorhaben für mindestens sechs Monate. Der Grund liegt im gesetzlichen Insolvenzverfahren, das bestimmte Schritte verlangt. In dieser Phase können Bauherren oft nur warten. Sie dürfen auch nicht auf eigene Faust weiterbauen. Andernfalls könnte der Insolvenzverwalter Schadensersatz verlangen. Denn mit dem eigenmächtigen Weiterbauen würde der Bauherr der insolventen Firma die Möglichkeit nehmen, den Bau doch noch vertragsgemäß zu vollenden und dafür eine Rechnung zu stellen. Diese entgangene Einnahme könnte sich der Insolvenzverwalter vom Bauherrn zurückholen, sodass dieser im schlimmsten Fall die Bauleistung doppelt bezahlen müsste.

Ist also die Firma insolvent, ist Ruhe angesagt: Zusammen mit einem Bausachverständigen und/oder einem Baurechtsanwalt sollte beraten werden, wie das weitere Vorgehen aussieht.

7.9.2 Vorsicht vor der Kündigung

Zwar kann ein Werkvertrag nach §649 BGB jederzeit gekündigt werden. Dafür zahlen Bauherren jedoch unter Umständen einen hohen Preis: Wenn sie den Bauvertrag kündigen, riskieren sie, dass diese Kündigung gemäß §649 BGB als sogenannte freie Kündigung gedeutet wird. In diesem Fall müssen sie dem Unternehmer den Werklohn zahlen, abzüglich ersparter Aufwendungen. Der Unternehmer muss dann zwar nicht weiterbauen, dafür bekommt er aber den vollen Gewinn, den er andernfalls durch die gekündigte Leistung erzielt hätte. Hinzu kommen die Zusatzkosten, um das begonnene Haus mit anderen Firmen fertigzustellen, denn die Firmen, die in gescheiterte Bauvorhaben einsteigen, lassen sich das Risiko, für die Fehler ihrer insolventen Vorgänger haftbar gemacht zu werden, gut bezahlen. Die meisten Bauherren können sich solche Verluste nicht leisten.

Nicht zu kündigen ist aber für betroffene Bauherren auch keine gute Alternative, denn sie müssen dann die Entscheidung über die Eröffnung des Insolvenzverfahrens abwarten, und nach Eröffnung darf sich der Insolvenzverwalter überlegen, ob er weiterbaut oder nicht. Das dauert mindestens ein halbes Jahr. So lange steht der Bau still und verfällt. Die Verpflichtungen und Mietzahlungen der Bauherren laufen aber weiter. Entscheidet sich der Insolvenzverwalter gegen die Fortsetzung des Bauvorhabens, was der Normalfall ist, müssen die Bauherren ebenfalls auf eigene Faust weiterbauen. Eventuelle Vorauszahlungen sind verloren. Der Weiterbau mit neuen Firmen kommt teuer.

Inzwischen können sich Bauherren aber vertraglich absichern. Dies ermöglicht ihnen ein neueres Urteil des Bundesgerichtshofs (BGH). Während Bauherren früher oft das Nachsehen hatten, wenn ihre Baufirma pleite ging, haben sie nun deutlich größere Chancen, ihr Geld zu retten, als bisher. Bauherren können ihren Bauvertrag im Falle einer Insolvenz der Baufirma rechtssicher privilegiert kündigen. Allerdings ist das BGH-Urteil eine Einzelfallentscheidung und noch kein verbrieftes Verbraucherrecht.

Beispiel
Der BGH entschied, dass Bauherren, die auf eigenem Grund und Boden bauen, vertraglich ein Kündigungsrecht vereinbaren können für den Fall, dass der Unternehmer selbst einen Antrag auf Eröffnung des Insolvenzverfahrens stellt. In allen anderen Fällen gilt das BGH-Urteil nicht. Dann kann auch geregelt werden, dass nur die bis zur Kündigung erbrachten Leistungen zu bezahlen sind und dem Bauherrn im Übrigen ein Schadensersatzanspruch wegen Nichterfüllung zusteht. Damit können Bauherren den eigenen Schaden einigermaßen begrenzen (BGH, Urteil vom 7.4.2016, VII ZR 56/15).

7.9.3 Insolvenzen frühzeitig erkennen

Bauherren sollten regelmäßig auf ihrer Baustelle nach dem Rechten sehen. Nur so fällt ihnen auf, wenn sich Arbeiten verzögern, Subunternehmer nicht mehr erscheinen, fremde Firmen auftauchen, Material nicht geliefert oder wieder abgeholt wird, wenn die Baustelle tagelang verwaist ist und einen schlampigen Eindruck macht. Gibt es Indizien für Probleme, sollten Bauherren mit ihrem Sachverständigen und dem Baurechtsanwalt überlegen, wie es weitergehen kann.

> **ARBEITSHILFE ONLINE**
>
> **Checkliste: So kann man sich vor einer Insolvenz schützen**
>
> - Schon vor Abschluss des Bauvertrags sollte der Bauherr eine Bonitätsprüfung der Baufirma durchführen, zum Beispiel bei der Creditreform.
> - Er sollte sich Referenzen nennen lassen und diese auch abfragen.
> - Er sollte den Bauvertragsentwurf von einem unabhängigen Bausachverständigen und einem Anwalt für Baurecht prüfen lassen.
> - Er sollte auf keinen Fall Vorkasse leisten.
> - Abschlagszahlungen während des Baus sollten nur dann bezahlt werden, wenn der Bausachverständige bestätigt hat, dass die Rechnung dem Zahlungsplan und dem Bautenstand entspricht und die Bauarbeiten mängelfrei sind.
> - Zahlungen dürfen nicht »schwarz« geleistet werden.

> **ARBEITSHILFE ONLINE**
>
> **Checkliste: Auf Alarmsignale während des Baus achten**
>
> - Kommt es zu Verzögerungen oder Unterbrechungen des Baus?
> - Stellen Subunternehmer die Arbeit ein?
> - Kommen Firmen unpünktlich oder gar nicht?
> - Melden sich Handwerker mit Beschwerden direkt beim Bauherrn und nicht bei der Baufirma, die eigentlich die Arbeiten koordiniert?
> - Werden Lieferungen wieder abgeholt?
> - Stehen Baustoffe herum?
> - Bittet die Firma um Vorkasse oder größere Abschläge?
> - Werden festgestellte Mängel nicht behoben?
> - Befinden sich plötzlich fremde Firmen auf der Baustelle?

> **ARBEITSHILFE ONLINE**
>
> **Checkliste: Was ist zu tun, wenn Insolvenz droht?**
>
> - nicht voreilig den Vertrag kündigen
> - nicht andere Firmen mit dem Weiterbau beauftragen
> - Beratung durch einen Rechtsanwalt suchen
> - Beratung durch einen unabhängigen Bausachverständigen in Anspruch nehmen
> - aktuellen Bautenstand durch einen Sachverständigen festhalten lassen
> - klären, welche Arbeiten schon erledigt und bezahlt sind und welche noch ausstehen
> - gegebenenfalls Zahlungen einstellen
> - Wert des Baus feststellen
> - eventuell vertragliches Sonderkündigungsrecht ausüben
> - eventuelle Mängel feststellen
> - überlegen, wie es weitergeht
> - beim Insolvenzgericht recherchieren, ob der Insolvenzantrag für die Baufirma gestellt wurde und von wem
> - prüfen, ob andere besondere Kündigungsmöglichkeiten vorliegen oder geschaffen werden können

8 Planen und Bauen mit einem Architekten

Der Architekt plant nicht nur das Haus – häufig wird ihm auch die Bauüberwachung übertragen. Außerdem berät er den Bauherrn auch in allen Dingen, die im weiteren Sinn das Bauvorhaben betreffen. Er kann häufig auch wertvolle Ratschläge zum Umgang mit der Baubehörde oder der Bank geben.

> **Tipp**
> Bei der Auswahl des Architekten sollte der Bauherr darauf achten, dass der Architekt, mit dem er bauen will, Mitglied der Architektenkammer oder in der Architektenliste eingetragen ist.
> Am besten lässt sich der Bauherr von dem Architekten eine Übersicht über die aktuellen, von ihm abgewickelten Bauvorhaben zeigen. Nur dann kann er mit Gewissheit sagen, dass der ausgewählte Architekt Fachmann auf dem für den Bauherrn entscheidenden Gebiet ist.

8.1 Der Vertrag mit dem Architekten

Jeder Vertrag mit dem Architekten sollte schriftlich abgeschlossen werden. Wer einen Architekten beauftragt, muss damit rechnen, dass er dafür eine Rechnung gestellt bekommt. Selbst wenn gar nicht über das Honorar gesprochen wurde, muss der Auftraggeber damit rechnen, dass auch erste Entwürfe etwas kosten, also eine Vergütung als stillschweigend vereinbart gilt. Wurde die Höhe der Vergütung nicht besprochen, wird grundsätzlich das geschuldet, was üblicherweise dafür von einem Architekten in Rechnung gestellt wird. Man kann dann unter Umständen auch davon ausgehen, dass der Architekt eine sogenannte »Vorplanung« durchgeführt hat.

> **Tipp**
> Will der Bauherr, dass der Architekt zunächst kostenlos tätig wird, sollte er dies schriftlich mit dem Architekten vereinbaren.
> Im Übrigen kann der Bauherr den Architekten auch Schritt für Schritt beauftragen. Er kann ihn erst einmal mit der Grundlagenermittlung und der Vorplanung betrauen. Hat der Architekt sich hier bewährt, kann er mit der weiteren Planung beauftragt werden.

Widerrufsrecht für private Bauherren
Bauherren profitieren vom Verbraucherschutz. Da sie als Verbraucher gelten, genießen sie besondere Widerrufsrechte und vertragliche Rückgaberechte. Was für den normalen Handel im Internet gilt, gilt auch für den geschäftlichen Umgang von Bauherren mit Architekten, Planern und Handwerkern: Werden Verträge mit diesen Unternehmern außerhalb der Geschäftsräume des Unternehmens geschlossen, kann der private Bauherr dies innerhalb von 14 Tagen widerrufen. Dies sieht Paragraf 312b BGB vor. Die Frist beginnt aber erst zu laufen, wenn der Verbraucher ordnungsgemäß über sein Widerrufsrecht belehrt worden ist. Vorsicht: Private Bauherren sollten sich nicht auf ein vermeintliches Widerrufsrecht verlassen, sondern bei Verträgen ab einer gewissen Größenordnung immer prüfen, ob sie mit allen ihren Bestandteilen auch in ihrem Sinne sind.

8.2 Das Honorar des Architekten

Der Architektenvertrag regelt auch das Honorar des Architekten. Das Honorar für die sogenannte Vollplanung, also die Beauftragung sämtlicher Leistungsphasen, umfasst etwa 10% der reinen Baukosten. Die Leistungen des Architekten werden nach der HOAI (Honorarordnung für Architekten und Ingenieure) vergütet.

8.2.1 Die einzelnen Leistungsphasen

Ein Architektenvertrag umfasst folgende Leistungsphasen:
1. Grundlagenermittlung
2. Vorplanung
3. Entwurfsplanung
4. Genehmigungsplanung
5. Ausführungsplanung
6. Vorbereitung der Vergabe
7. Mitwirkung bei der Vergabe
8. Objektüberwachung
9. Objektbetreuung und Dokumentation

In der Planungsphase, in der zunächst nur der Vorentwurf erstellt wird, ist die Hilfe des Architekten unverzichtbar. Der Bauherr sollte seine Wünsche und Vorstellungen am besten schriftlich festhalten. Nach der Grundlagenermittlung erfolgen die Vorplanung und schließlich die Entwurfsplanung in der Leistungsphase 3. An dieser Stelle erfolgt auch eine verbindliche Kostenberechnung. In der Leistungsphase 4, der Genehmigungsplanung, muss der Architekt die nötigen Vorlagen erarbeiten, um das Vorhaben von der Baubehörde genehmigen zu lassen.

> **Tipp**
> Die Behörden prüfen nur die Zulässigkeit des Vorhabens aus öffentlich-rechtlicher Sicht. Der Architekt haftet davon unabhängig für eventuelle Planungsmängel.

Es folgt die Leistungsphase 5, die sogenannte Ausführungsplanung. In der Werkplanung werden die zuvor erstellten Genehmigungspläne in Planunterlagen für die zu beauftragenden Handwerker weiterentwickelt.

In den Phasen 6 und 7 erstellt der Architekt die Leistungsbeschreibung für die Vergabe. Die Leistungsbeschreibung muss mit den an der Planung fachlich Beteiligten abgestimmt und koordiniert werden. Der Architekt prüft die Angebote, auch in Hinblick auf Sonderkonditionen und Skontofristen, und übernimmt die Auswahl der Handwerker.

In der Leistungsphase 8, der Bauüberwachung, kontrolliert der Architekt die Ausführung des Baus daraufhin, ob die Baugenehmigung und die Ausführungspläne und Leistungsbeschreibungen mit den anerkannten Regeln der Technik und den einschlägigen Vorschriften übereinstimmen. Er muss die örtliche Bauüberwachung beaufsichtigen und die an der Objektüberwachung Beteiligten koordinieren. Der Architekt muss auch auf eventuelle Gefahren hinweisen. Er kennt die Qualität der Materialien und sieht, was eingebaut wird. Er trägt die Haftung bei eventuellen Fehlern. Er muss an allen Abnahmen teilnehmen und eine Niederschrift über das Ergebnis der jeweiligen Abnahme anfertigen.

Zu den Aufgaben des Architekten gehört außerdem, die Wartungsvorschriften zusammenzustellen, eine Aufstellung zu fertigen, aus der sich der Ablauf der verschiedenen Gewährleistungsfristen ergibt, und die Anlagenteile sowie die Gesamtanlage auf ihre Funktionsfähigkeit zu überprüfen.

Zudem muss er eine Kostenkontrolle vornehmen, indem er die Leistungsabrechnungen der bauausführenden Unternehmen mit den zuvor vertraglich vereinbarten Preisen und der fortgeschriebenen Kostenrechnung vergleicht.

Die letzte Leistungsphase, Objektbetreuung und Dokumentation, sparen sich viele Bauherren. Allerdings kann es sich auch in diesem Punkt auszahlen, einen Architekten zu beschäftigen. Er weist auf die unterschiedlichen Termine der Baubeteiligten in puncto Gewährleistung hin und geht kurz vor Ablauf der

Fristen noch einmal mit dem Bauherrn durchs Haus, um eventuelle Schäden zu entdecken. Werden Mängel festgestellt, muss er deren Beseitigung überwachen, wenn die Mängel innerhalb der Gewährleistungsfristen, spätestens aber bis zu fünf Jahre nach Abnahme der Leistungen aufgetreten sind.

Das Honorar des Architekten ist fällig, wenn der Architekt seine Leistungen vertragsgemäß erbracht und eine prüffähige Honorarschlussrechnung übergeben hat. Er hat allerdings das Recht, Abschlagszahlungen für bereits von ihm erbrachte Leistungen zu verlangen.

8.2.2 Rechnungen prüfen

Während des Hausbaus häufen sich die Rechnungen von Architekten und Handwerkern. Der Bauherr sollte diese genau prüfen, damit er am Ende nicht mehr bezahlt, als er muss. Vor allem sollte er darauf achten, dass jede einzelne Rechnung nach Inhalt und Reihenfolge den vertraglichen Vereinbarungen entspricht. Soweit eine Abrechnung nach tatsächlich erbrachten Mengen vereinbart wurde, müssen diese bereits in den Abschlagsrechnungen detailliert dargestellt und durch Aufmaße nachgewiesen werden. Auch beim Pauschalvertrag muss in der Rechnung zumindest knapp der Bautenstand stehen beziehungsweise begründet werden, weshalb zu diesem Zeitpunkt der abgerechnete Teil der Gesamtvergütung fällig werden soll. Ebenso müssen Zusatzleistungen klar gekennzeichnet und getrennt ausgewiesen sein.

> **Tipp**
> Liegen nach Fälligkeit einer Abschlagszahlung Mängel vor, kann der Bauherr das Doppelte der zur Beseitigung der Mängel erforderlichen Kosten einbehalten.

Auch die Abschlagszahlungen des Architekten sollten vor Bezahlung daraufhin geprüft werden, ob sie entsprechend der vereinbarten Ratenzahlung oder der HOAI fällig sind. Der Bauherr sollte auch prüfen, ob die Leistungen der Vereinbarung entsprechen, zum Beispiel ob die vereinbarte Baukostenobergrenze oder sonstige verbindlich vereinbarte Vorgaben, etwa Termine, eingehalten wurden.

8.2.3 Schlussrechnung

Streit mit dem Architekten kann es auch dann geben, wenn sich beide Seiten nicht darüber im Klaren sind, ob der Architekt trotz einer Schlussrechnung noch weitere Forderungen stellen kann.

> **Beispiel**
>
> Der Architekt hatte dem Bauherrn eine letzte »Abschlagspauschale« in Rechnung gestellt. Danach stellte er weitere Forderungen. Diese hielt der Bundesgerichtshof für berechtigt. Allerdings sei ein Architekt dann an eine Schlussrechnung gebunden, wenn der Auftraggeber auf eine abschließende Berechnung des Honorars vertrauen durfte und er sich im berechtigten Vertrauen auf die Endgültigkeit der Schlussrechnung in schutzwürdiger Weise so eingerichtet hat, dass ihm eine Nachforderung nicht mehr zugemutet werden kann. Allein die Zahlung der Schlussrechnung ist keine solche Maßnahme. Es gibt auch keine allgemeine Lebenserfahrung, dass ein Auftraggeber sich nach einem bestimmten Zeitraum darauf eingerichtet hat, nichts mehr zu zahlen. Die durch eine Nachforderung entstehende zusätzliche Belastung unter Berücksichtigung aller Umstände des Einzelfalls muss sich für den Auftraggeber als nicht mehr zumutbar erweisen, weil sie eine besondere Härte für ihn bedeutet (BGH, Urteil vom 19.11.2015, VII ZR 151/13).

8.3 Dafür haftet der Architekt

Der Vertrag, den der Bauherr mit dem Architekten geschlossen hat, ist ein Werkvertrag nach §§ 631 ff. BGB. Das bedeutet: Der Architekt schuldet den Erfolg seines Werks. Was dies bedeutet, sollte im Architektenvertrag genau geregelt sein. Üblicherweise besteht das Werk des Architekten in der Planung und Bauüberwachung. Hat der Architekt dabei Fehler gemacht, muss er dafür einstehen, wenn dies zu Mängeln am Bauwerk geführt hat. Vor allem muss er seinem Auftraggeber bei der Abnahme seines Werks offenbaren, wenn er Teile der Ausführung des Bauwerks bewusst vertragswidrig nicht überwacht hat. Unterlässt er dies, hat er einen Mangel seines Werks arglistig verschwiegen.

> **Beispiel**
>
> Ein Architekt hatte bei der Sanierung eines Doppelhauses die Überwachung der Arbeiten vertraglich übernommen. Nach Erledigung der Bauarbeiten stellte er seine Honorarrechnung, ohne gegenüber dem Auftraggeber irgendwelche Besonderheiten zu erwähnen. Erst acht Jahre später stellte sich heraus, dass eine vom Bauunternehmer abgerechnete Dampfsperre zwischen Außen- und Innenwand der Immobilie überhaupt nicht eingebaut worden war. Dadurch konnte Tauwasser eindringen und Schäden am Gebäude anrichten. Der Architekt hatte den Einbau der Dampfsperre nicht kontrolliert. Der Bundesgerichtshof entschied, dass ein Architekt, wenn ihm klar ist, dass er seinen Überwachungspflichten nicht nachgekommen ist, dem Auftraggeber dies wenigstens im Nachhinein mitteilen muss. Selbst bei der unterlassenen Kontrolle von Teilaspekten sei dies nötig. Darauf zu vertrauen, der Bauunternehmer werde das schon auftragsgemäß erledigt haben, sei zu wenig, entschieden die Richter (Beschluss vom 5.8.2010, VII ZR 46/09).

8.3.1 Planungsfehler

Fehler, die dem Architekt schon bei der Planung unterlaufen, wirken sich zwangsläufig auf das Bauvorhaben aus, wenn sich der Bauunternehmer beziehungsweise dessen Arbeiter nach dem Plan richten. Wenn der Architekt also zum Beispiel im Dachgeschoss die lichte Höhe versehentlich zu niedrig angesetzt hat und man deshalb später in diesem Raum nicht aufrecht stehen kann, handelt es sich um einen typischen Planungsfehler, für den der Architekt haftet. Der Architekt haftet aber ebenso für technische Planungsfehler, etwa wenn die vorgesehene Wärme- oder Schallisolierung unzureichend ist, wenn ausgewählte Baustoffe nichts taugen, die Dränage mangelhaft ist oder Dehnungsfugen unzureichend bemessen sind.

8.3.2 Fehler bei der Bauüberwachung

Zwar gibt es keine genauen Vorschriften darüber, wie oft und wie lange sich ein Architekt auf der Baustelle aufhalten muss. Aber er muss die Arbeiten immer in »angemessener Weise« beaufsichtigen und kontrollieren, ob der Bau mangelfrei ist. Er muss ihn daher regelmäßig und eingehend überwachen. Wie oft und wie lange der Architekt die Arbeiten auf der Baustelle beaufsichtigen muss, richtet sich vor allem nach dem Schwierigkeitsgrad der auszuführenden Arbeiten. Bei schwierigen und gefährlichen Arbeiten trifft den Architekten eine besondere Aufsichtspflicht. Dazu gehören alle Beton-, Abdichtungs-, Dränage-, Ausschachtungs-, Unterfangungs- oder Abbrucharbeiten.

Der Architekt muss nicht nur die Arbeiten auf dem Bau überwachen, sondern auch den Einsatz der am Bau beteiligten Handwerker koordinieren. Unterläuft ihm dabei ein Fehler, kann er vom Bauherrn in Regress genommen werden.

> **Beispiel**
>
> Ein Architekt hatte im Auftrag des Bauherrn ein Einfamilienhaus errichtet. Später traten im Keller Feuchtigkeitsschäden aufgrund einer fehlerhaften Dichtung auf. Das Gericht wies die spätere Klage wegen Verjährung ab. Der Bundesgerichtshof (BGH) hielt die Klage dagegen nicht für verjährt. Der Architekt sei dem Bauherrn zum Schadensersatz verpflichtet, wenn dieser seinen Architektenvertrag verletze, indem er den Bauherrn nicht über die Mängel am Bauwerk aufkläre. Als Bauaufsichtspflichtiger gegenüber dem Bauherrn trage er eine Mitverantwortung. Weitere Begründung der Richter: Es gehört zu den Pflichten des Architekten, dem Bauherrn im Rahmen seines jeweils übernommenen Aufgabengebiets bei der Untersuchung und Behebung von Baumängeln zur Seite zu stehen. Er schuldet dem Bauherrn die unverzügliche und umfassende Aufklärung der Ursachen sichtbar gewordener Bau-

mängel sowie die sachkundige Unterrichtung des Bauherrn vom Ergebnis der Untersuchung und von der sich daraus ergebenden Rechtslage. Das gilt auch dann, wenn die Mängel ihre Ursache in Planungs- oder Aufsichtsfehlern des Architekten haben. Verletzt der Architekt schuldhaft diese Untersuchungs- und Beratungspflicht, so ist er dem Bauherrn zum Schadensersatz verpflichtet. Dieser Schadensersatzanspruch geht dahin, dass die Verjährung der gegen ihn gerichteten werkvertraglichen Ansprüche als nicht eingetreten gilt (BGH, Urteil vom 26.10.2006, VII ZR 133/04).
Denn die Pflicht des Architekten bestand nicht nur darin, dem Bauherrn mitzuteilen, dass er für den Feuchtigkeitseintritt möglicherweise wegen unzureichender Bauaufsicht mitverantwortlich sein könnte. Vielmehr hätte er selbst, nachdem er von der Feuchtigkeit erfahren hatte, die Mängelursachen untersuchen und den Bauherrn über das Ergebnis seiner Untersuchung sowie über die technischen Möglichkeiten der Beseitigung des Mangels und die Haftung informieren müssen.

Solange der Bauherr die Arbeit des Architekten nicht abgenommen hat, kann er die Erfüllung des Vertrags verlangen. Wenn daher zum Beispiel noch wichtige Zeichnungen für die Baugenehmigung fehlen, muss der Architekt seiner Verpflichtung nachkommen.

Tipp
Soweit noch Leistungen des Architekten ausstehen, sollte ihm der Bauherr schriftlich eine Frist setzen, in der der Architekt die Leistung erbringt. Die Frist muss so bemessen sein, dass der Architekt die Leistung in dieser Zeit auch erbringen kann. Gleichzeitig sollte der Bauherr darauf hinweisen, dass er nach Fristablauf die Erbringung der Leistung ablehnt. Werden die Pläne dann nicht bis zu dem angesetzten Datum geliefert, kann der Bauherr einen anderen Architekten mit der fehlenden Planung beauftragen.

8.3.3 Verzögerte Fertigstellung des Baus

Oft kommt es vor, dass Wohnung oder Haus nicht zum zugesagten Fertigstellungstermin so weit hergestellt ist, dass der Bauherr tatsächlich einziehen kann. Zu Verzögerungen kann es beispielsweise kommen, weil der Zeitplan falsch koordiniert wurde und vorgeschriebene Austrocknungszeiten nicht einkalkuliert wurden. So kann zum Beispiel der Fußboden erst dann gelegt werden, wenn der Estrich völlig abgebunden ist. Wurde das nicht bedacht, kann sich der ganze Zeitplan nach hinten verschieben. Auch das Wetter mit langen Regenperioden kann zu Zeitverzögerungen führen.

Ist ein Bauträger mit der Übergabe einer Wohnung längere Zeit in Verzug, kann der Erwerber eine Entschädigung für die entgangene Nutzung verlangen, wenn ihm anderweitiger, etwa gleichwertiger Wohnraum nicht zur Verfügung steht.

> **Beispiel**
> Die Erwerber einer Wohnung verlangten vom Bauträger Schadensersatz wegen Nutzungsausfalls. Sie hatten vom Bauträger eine noch herzustellende Altbauwohnung mit einer Wohnfläche von 136 qm erworben. Nach dem Vertrag war der Bauträger verpflichtet, die Wohnung spätestens bis zum 31.8.2009 herzustellen und zu übergeben. Die bisherige Wohnung der Erwerber hatte eine Wohnfläche von 72 qm. Im Herbst 2011 war die Wohnung immer noch nicht bezugsfertig. Die Erwerber verlangten daher vom Bauträger eine Nutzungsausfallentschädigung für die Zeit von Oktober 2009 bis September 2011. Sie veranschlagten diese mit einer Vergleichsmiete für die vorenthaltene Wohnung. Der BGH gab ihnen recht: Der Erwerber könne für die Dauer eines längeren Verzugs des Bauträgers mit der Übergabe einer von diesem noch herzustellenden Wohnung eine Entschädigung für die entgangene Nutzung verlangen, wenn ihm in dieser Zeit anderweitiger, in etwa gleichwertiger Wohnraum nicht zur Verfügung steht. In diesem Fall war die bisherige Wohnung lediglich 72 qm, also nur etwa halb so groß wie die erworbene und vorenthaltene Wohnung (BGH, Urteil vom 20.2.2014, VII ZR 172/13).

Diese für den Bauträger vom BGH ausdrücklich getroffene Sichtweise hat der BGH in einem weiteren Urteil vom 8. Mai 2014 auch auf den Bauunternehmer im Fertigstellungsverzug ausgeweitet. Die Urteile haben Signalwirkung auf alle Fälle, in denen Bauleistungen über Wohnraum von einer natürlichen Person zur Befriedigung ihrer Wohnbedürfnisse in Auftrag gegeben werden und nicht lediglich kommerzielle Gesichtspunkte des Erwerbers im Vordergrund stehen.

Grundsätzlich haftet der Architekt für einen Schaden, wenn er im Vertrag eine Fertigstellung zu einem bestimmten Termin zugesagt hat und dieses Datum nicht eingehalten wird. Ausnahme: Der Architekt haftet dann nicht, wenn ihm weder Vorsatz noch Fahrlässigkeit nachgewiesen werden kann. Dies ist allerdings nur in seltenen Ausnahmefällen gegeben. In der Regel trägt er daher den Verzögerungsschaden, also etwa für Hotelkosten, wenn der Bauherr die Wohnung nicht zum vereinbarten Termin beziehen kann und seine bisherige Mietwohnung schon gekündigt hat. War vorgesehen, dass die fertigzustellende Wohnung vermietet wird, hat der Architekt den Mietausfall zu bezahlen.

Genaue Zeitplanung
Um Streit und teure Verzögerungen zu vermeiden, sollte jeder Bauvertrag einen detaillierten chronologischen Bauablaufplan mit genauen Terminvereinbarungen enthalten. In diesem Plan muss auch das exakt benannte Bezugsfertigkeits- und Fertigstellungsdatum stehen. Das vereinbarte Übergabedatum muss sich ohne Zuhilfenahme anderer Dokumente einfach aus dem Kalender ablesen lassen. Nur so entsteht Planungssicherheit und kann im Falle einer Verzögerung der Bauträger für zusätzliche Miet- oder Hotelkosten haftbar gemacht werden.

> **Tipp**
> Enthält der Vertrag ein zugesichertes Fertigstellungsdatum, gerät der Bauträger bei Ablauf des Termins automatisch in Verzug. In diesem Fall muss keine Mahnung mehr ausgesprochen werden. Ansonsten kann der Bauträger nur durch eine Mahnung in Verzug gesetzt werden. Diese sollte dem Bauträger am besten nachweisbar per Einschreiben/Rückschein oder per Boten zugestellt werden.

Ob durch automatischen Verzug oder durch Mahnung: Folge des Verzugs ist, dass der Bauträger den entstandenen Schaden ersetzen muss. Dies können beispielsweise Hotelkosten sein, wenn der Erwerber schon seine gemietete Wohnung gekündigt hat. Auch mögliche Bereitstellungskosten für Finanzierungsdarlehen sind vom Bauträger zu erstatten.

Für den Fall, dass die Bauzeit überschritten wird, kann auch eine Vertragsstrafe mit dem Bauträger vereinbart werden.

8.3.4 Überschreitung der Bausumme

Wenn der Bau teurer wird als vorgesehen, stellt sich die Frage, ob dafür ebenfalls der Architekt haftet. Voraussetzung dafür ist jedoch, dass beide Seiten klare Vereinbarungen über die Höhe der Baukosten geschlossen haben. Eine Haftung des Architekten wegen gestiegener Baukosten kommt nur dann infrage, wenn der Architekt die Einhaltung der Bausumme garantiert hat. Die wenigsten Architektenverträge dürften allerdings eine solche Garantiezusage enthalten.

Ansonsten haftet der Architekt für die Überschreitung der Bausumme nur dann, wenn er die Schuld für die Baukostenüberschreitung trägt. Das ist der Fall, wenn er vergessen hat, notwendige Kosten einzuplanen, oder wenn er vorsätzlich oder fahrlässig ungünstige Vertragsabschlüsse mit Handwerkern oder mit dem Bauunternehmer vereinbart hat. Eine Zahlungspflicht kann also dann bestehen, wenn der Bauherr ihm nachweisen kann, dass er die vereinbarte Bausumme hätte einhalten können, wenn er das Angebot einer anderen Firma, die ebenso gut arbeitet, angenommen hätte.

Eine Haftung des Architekten kommt auch infrage, wenn sich der Bau verteuert, weil der Architekt eigenmächtig Änderungen vorgenommen hat, ohne diese mit dem Bauherrn abzusprechen. Dies gilt auch dann, wenn der Bauherr Sonderwünsche äußert, die der Architekt umsetzt, ohne jedoch dem Bauherrn mitzuteilen, um wie viel sich dadurch die Baukosten erhöhen.

> **Tipp**
>
> Der Architekt muss in einem solchen Fall nicht alle Mehrkosten aus der eigenen Tasche zahlen. Feste Regeln gibt es nicht. Es kommt auf die Umstände des Einzelfalls an. Eine Bausummenüberschreitung von mehr als 30 % spricht für ein Verschulden des Architekten.

In jedem Fall muss der Architekt nur den tatsächlich entstandenen Schaden ersetzen. Führt die Bausummenüberschreitung auch dazu, dass sich der Wert des Gebäudes erhöht, muss sich der Bauherr diesen höheren Wert anrechnen lassen.

> **Beispiel**
>
> Ein Unternehmen beauftragte einen Architekten, ein Autohaus zu errichten. Es wurde vertraglich vereinbart, dass die Obergrenze der Baukosten bei rund einer Million Euro liegen sollte. Der Architekt schrieb jedoch später einen Betrag von 1,25 Millionen Euro in den Bauantrag. Als es zum Streit über die Baukosten kam, meinte der Architekt lapidar, der Bauherr habe den Bauantrag unterschrieben und sich dadurch mit der Erhöhung der Baukostenobergrenze einverstanden erklärt. Der Bauherr war anderer Meinung und kündigte den Architektenvertrag. Die Richter des BGH argumentierten wie folgt: Der vom Architekten erstellte Bauantrag enthalte keine verbindliche Erklärung des Bauherrn. Er diene auch nicht dazu, einen Kostenrahmen festzulegen. Der Architekt müsse also mit anderen Mitteln beweisen, dass der Bauherr einer Erhöhung der Baukostenobergrenze zugestimmt habe. Handele es sich, wie hier, um ein festes Limit, sei für eine Erhöhung ohne Absprache kein Raum. Erhöhe der Architekt die Baukostenobergrenze ohne Absprache mit dem Bauherrn, so sei seine Planung als mangelhaft zu bewerten. Dies berechtige den Bauherrn dazu, den Vertrag mit dem Architekten zu kündigen (BGH, Urteil vom 13.2.2003, VII ZR 395/01).

> **Beispiel**
>
> In einem anderen Fall beauftragte der Bauherr seinen Architekten mit dem Bau eines Wohnhauses. Die Baukosten betrugen 1.541.000 DM. Der Bauherr berief sich darauf, dass er nur Kosten in Höhe von 800.000 DM eingeplant hätte. Der BGH entschied auch hier zugunsten des Bauherrn: Die Planungsleistung eines Architekten entspricht nicht der vereinbarten Beschaffenheit, wenn sie ein Bauwerk vorsieht, dessen Errichtung höhere Herstellungskosten erfordert, als sie von den Parteien des Architektenvertrags vereinbart sind. Der Architekt ist verpflichtet, die Planungsvorgaben des Auftraggebers zu den Herstellungskosten des Bauwerks zu beachten. Dabei muss er nicht nur genau vereinbarte Baukostenobergrenzen einhalten, sondern auch die ihm bekannten Kostenvorstellungen des Auftraggebers bei seiner Planung berücksichtigen. Solche Kostenvorstellungen muss er grundsätzlich im Rahmen der Grundlagenermittlung erfragen. Denn der Architekt ist bereits in diesem Planungsstadium gehalten, den wirtschaftlichen Rahmen für ein Bauvorhaben abzustecken. Der Architekt verletzt seine Vertragspflichten, wenn er ohne

> verlässliche Kenntnis von den wirtschaftlichen Möglichkeiten des privaten Auftraggebers die Planung eines Wohnhauses vornimmt. Er muss diese aufklären und darf nicht ohne Rücksicht auf die finanziellen Verhältnisse des privaten Auftraggebers planen (BGH, Urteil vom 21.3.2013, VII ZR 230/11).

Fragt der Architekt pflichtgemäß nach den finanziellen Vorstellungen des Bauherrn, so wird damit gleichzeitig eine Kostengrenze vereinbart, die der Planer dann auch einhalten muss. Gelingt ihm das nicht und wird der Bau teurer als besprochen, gilt das als Planungsfehler und der Architekt muss gegebenenfalls Schadensersatz leisten.

Baurechtsanwälte raten daher dazu, dass Planer so früh wie möglich nach den maximalen Ausgabenvorstellungen fragen und diese dann auch in jeder Planungsphase im Blick behalten. Drohen die Baukosten dennoch das festgesetzte Limit zu sprengen, zum Beispiel weil der Bauherr weitere Wünsche äußert, sollte der Planer dies mit dem Bauherrn besprechen und mit ihm klären, ob und an welcher Stelle der Entwurf eventuell geändert werden soll und Kosten eingespart werden können – oder ob der Bauherr bereit ist, für seine zusätzlichen Wünsche auch sein Kostenlimit zu erhöhen.

Wenn sich Architekten auf eine Kostengarantie einlassen oder das Wort »Garantie« in den Mund nehmen, müssen sie etwaige Budgetüberschreitungen in voller Höhe aus der eigenen Tasche zahlen.

Kostenvorstellungen
Inwieweit der Auftraggeber seine Kostenvorstellungen ausreichend zum Ausdruck gebracht hat, muss im Einzelfall entschieden werden. Es ist nicht zwingend notwendig, dass der Auftraggeber dem Architekten gegenüber die Kostenvorstellungen selbst äußert. Es kann ausreichen, dass diese Vorstellungen von den am Aufklärungsgespräch mit dem Architekten beteiligten Familienmitgliedern geäußert werden und der Auftraggeber ihnen nicht widerspricht oder anderweitig zum Ausdruck bringt, dass dies auch seine Vorstellungen sind. Zu den im Planungsprozess zu entwickelnden Planungsdetails gehören auch die Kostenvorstellungen des Auftraggebers hinsichtlich der Errichtung des Bauwerks, wenn sie nicht bereits bei Abschluss des Vertrags zum Ausdruck gebracht worden sind. Diese Kostenvorstellungen sind auch dann beachtlich, wenn sie nicht eine genaue Bausummenobergrenze enthalten, sondern nur Angaben zur ungefähren Bausumme. Derartige Angaben stecken normalerweise einen Kostenrahmen ab, den der Auftraggeber nicht überschreiten will. Äußert er eine Circaangabe, muss der Planer diese Bausumme ungefähr einhalten. Der Architekt muss im Laufe des Planungsprozesses Zweifel über den Grenzbereich der vom Auftraggeber noch hingenommenen Herstellungskos-

ten ausräumen. Dazu kann auch die von ihm anzustellende Kostenschätzung dienen. Hält sich diese in dem Rahmen, der von der Circaangabe abgedeckt sein könnte, darf der Architekt darauf vertrauen, dass der Auftraggeber den in den Kostenermittlungen dargestellten Herstellungskosten widerspricht und seine bislang noch unpräzise Angabe verdeutlicht. Ist das nicht der Fall, darf der Architekt die weitere Planung auf der Grundlage der Kostenschätzung entwickeln.

8.3.5 Kostenfehleinschätzung des Architekten bei der Altbausanierung

Der mit der Kostenschätzung einer Altbausanierung beauftragte Architekt muss alle maßgeblichen Umstände sorgfältig ermitteln und daneben auch die Kostenvorstellungen des Bauherrn berücksichtigen. Angesichts der Unwägbarkeiten der Kosten einer Altbausanierung ist die Grenze zur haftungsrelevanten Pflichtwidrigkeit allerdings erst dann überschritten, wenn dem Planer ein »Fehlgriff in der Oktave« unterlaufen ist. Maßgeblich sind die Parteivereinbarungen und eine wertende Gesamtschau aller sonstigen Umstände des jeweiligen Einzelfalls, entschied das Oberlandesgericht Koblenz mit Beschluss vom 9. November 2012 (5 U 1228/11).

Natürlich haftet der Architekt nicht unbegrenzte Zeit. Steht darüber nichts im Vertrag mit dem Architekten, ergibt sich die Verjährungsfrist aus §638 BGB. Danach verjähren die Ansprüche des Bauherrn gegen den Architekten fünf Jahre nach der Abnahme. Um seine Ansprüche zu sichern, muss der Bauherr also vor Fristablauf Klage erheben oder ein selbstständiges Beweisverfahren einleiten.

8.3.6 Rücktritt, Minderung, Schadensersatz

Häufig rücken Planungsfehler erst dann ins Visier, wenn das Bauwerk schon steht. Dann nützt eine nachträgliche Änderung der Pläne auch nichts mehr. Der Bauherr hat nach der Abnahme nur die Möglichkeit, Rücktritt, Minderung oder Schadensersatz gegenüber dem Architekten geltend zu machen.

Auch der Rücktritt ist häufig sinnlos, wenn der Vertrag bereits umgesetzt wurde. Hilfreicher ist die Minderung: In einem solchen Fall kann der Bauherr das Honorar des Architekten herabsetzen.

Eine Minderung ist allerdings dann keine befriedigende Lösung, wenn die Mängel behoben werden müssen. Die einzige Lösung besteht oft darin, den Schaden zu beseitigen. Der Bauherr trägt dann die Kosten nicht selbst, sondern kann sie als Schadensersatz vom Architekten verlangen. Voraussetzung dafür ist, dass den Architekten ein Verschulden an dem Mangel trifft, wenn der Architekt also vorsätzlich oder fahrlässig gehandelt hat. Fahrlässig hat der Architekt gehandelt, wenn er die im Verkehr gebotene Vorsicht außer Acht gelassen hat. Allerdings ist es immer Sache des Bauherrn darzulegen und zu beweisen, dass der Architekt eine mangelhafte Leistung erbracht hat. Dagegen ist es Aufgabe des Architekten zu beweisen, dass er nicht vorsätzlich oder fahrlässig gehandelt hat.

8.4 Die Ausschreibung von Bauprojekten

Wenn der Bauherr diese Aufgabe nicht an einen Architekten delegiert hat, holt er eigenständig die Angebote verschiedener Handwerker ein. Damit sie vergleichbar sind, bestimmt er vorab den genauen Auftragsumfang. Die zu erbringenden Leistungen sollten so beschrieben werden, dass jeder Handwerker, der ein Angebot einreicht, von den gleichen Rahmenbedingungen ausgeht.

Eine detaillierte Beschreibung hat auch den Vorteil, dass der Bauherr bei nicht perfekter Durchführung eines Auftrags auf die Vereinbarung, die dem Angebot zugrunde liegt, verweisen und die Zahlung verweigern kann. Außerdem kann der Handwerker keine Arbeiten durchführen und in Rechnung stellen, die nicht mit ihm vereinbart worden sind.

Damit der Handwerker weiß, was der Bauherr erwartet, bekommt er ein Leistungsverzeichnis an die Hand. Dort sind die einzelnen Positionen aufgeführt, zu denen er seine Preise angeben kann. Hier kann der Bauherr auch bestimmte Baustoffe vorgeben, wenn ihm das wichtig ist.

Eine andere Möglichkeit besteht darin, kurz aufzuführen, was gebaut werden soll, und dazu ein Angebot einzuholen. Dieses lässt sich dann als Grundlage für weitere Anfragen verwenden. Der Bauherr kann auch schildern, was er von der Ausführung erwartet, und dem Ganzen Skizzen beifügen. Außerdem gibt er einen Kostenrahmen und ein Baubudget vor.

> **! Tipp**
> Nicht nur die Bestimmung des konkreten Auftragsumfangs ist wichtig, sondern auch, wann die Arbeiten durchgeführt werden beziehungsweise beendet sein sollen. Gerade wenn viel davon abhängt, sollten feste Termine vereinbart werden.

Der im Kostenvoranschlag genannte Preis ist nur eine grobe Überschlagsrechnung – das jeweilige Unternehmen legt sich damit nicht endgültig fest. Nur wenn ein Festpreis vereinbart wird, ist man als Kunde auf der sicheren Seite. Dieser Betrag ist verbindlich, darf also nicht überschritten werden. Wenn kein Festpreis vereinbart wird, können die tatsächlichen Kosten deutlich über den geschätzten liegen. Faustregel: Je präziser alle Parameter vorab definiert sind, desto genauer fallen die Kostenvoranschläge aus.

> **! Tipp**
> Für den Kostenvoranschlag darf die Firma kein Geld verlangen, es sei denn, sie hat auf ein Entgelt ausdrücklich hingewiesen und der Bauherr war damit einverstanden.

Auswahl des Handwerkers und Auftragserteilung

Bei der Auswahl eines Handwerkers sollte der Bauherr sich nicht von günstigen Preisen verführen lassen. Er sollte auch beachten, welche Materialien der Handwerker in seine Kalkulation einbezogen hat und verwenden will. Er sollte auch möglichst unabhängige Informationen über das Unternehmen einholen – über die Qualität seiner Arbeit, seine Vertragstreue und Solvenz.

Der Bauherr sollte sich auch von der Firma Referenzobjekte nennen lassen. Dort sollte er nachfragen, ob die Firma vereinbarte Termine eingehalten hat und die Arbeiten ordentlich erledigt wurden, ob die vereinbarte Vergütung nicht überschritten wurde und wie die Firma auf Beanstandungen reagiert hat.

> **! Beispiel**
> Ein Bauherr möchte das Badezimmer in seinem Einfamilienhaus von Grund auf sanieren und dazu aussagekräftige und vergleichbare Kostenvoranschläge von Firmen einholen, die Sanierungen aus einer Hand anbieten. Er hat schon bestimmte Vorstellungen vom neuen Badezimmer. Ein Bauauftrag könnte in diesem Fall so aussehen:
> 1. funktionale Leistungsbeschreibung erstellen
>   - Beschreibung des Istzustands des Badezimmers, Skizze beilegen
>   - Beschreibung des neuen Badezimmers, zum Beispiel: 1 Doppelwaschbecken, 1 Badewanne, 1 Dusche 1 × 1m wandhängendes WC mit Unterspülkasten, Bidet, Armaturen Fabrikat XY, Ausstattungsgegenstände wie Handtuchhalter, Seifenschalen, Spiegel usw.

- Sollzustand mit Skizze verdeutlichen
- Maximale Preisvorstellung angeben
2. Leistungsbeschreibung an ein Handwerksunternehmen schicken
3. spezifiziertes Angebot des Handwerkers erhalten
4. neue spezifizierte Leistungsbeschreibung auf Grundlage dieses Angebots erstellen und an drei bis fünf Unternehmen schicken
5. weitere Angebote erhalten
6. zwei Angebote auswählen
7. Verhandlungen über Details, Preise und Zeitpunkt der Leistung sowie vertragliche Modalitäten (Abschlagszahlungen, Gewährleistung usw.) führen
8. Auftrag erteilen

9 Die Bauabnahme

Ob Neubau oder Modernisierung: Wenn die Handwerker ihre Arbeit beendet haben, müssen die Kunden die Arbeit abnehmen. Mit der Abnahme der Bauleistung bestätigt der Auftraggeber, dass die Arbeit vertragsgemäß erbracht wurde.

Die Abnahme eines Bauwerks hat weitreichende Folgen, denn mit ihr gehen alle Gefahren und Risiken auf den Bauherrn über. Außerdem beginnt die Gewährleistungsfrist zu laufen. Deshalb sollten Bauherren der Abnahme die größte Aufmerksamkeit widmen.

Der Bauherr sollte immer auf einem offiziellen Termin direkt auf der Baustelle bestehen, einer sogenannten förmlichen Abnahme. Damit bei der Abnahme keine Fehler passieren, sollte der Bauherr sich von einem Sachverständigen zum Abnahmetermin begleiten lassen. Diesen Termin sollte er dann vereinbaren, wenn das Haus innen bezugsfertig ist und die Fassadenarbeiten abgeschlossen sind. Die endgültige Abnahme erfolgt erst nach der Gesamtfertigstellung, also nach dem Abschluss der Außenarbeiten.

Wer ein Haus bauen lässt, muss das von ihm bestellte Werk später auch abnehmen, wenn es fertig ist. Unwesentliche Mängel ändern daran nichts. Summieren sich allerdings viele kleinere Mängel, müssen Bauherren das Werk nicht abnehmen. Die Abnahme verweigern können sie beispielsweise dann, wenn noch für die Sicherheit wichtige Treppengeländer montiert werden müssen.

> **Tipp**
> Muss der Bauherr dennoch einziehen, sollte er auf jeden Fall klarstellen, dass dies keine Abnahme darstellt. Auch bei vorbehaltloser Bezahlung der Schlussrechnung: Wer diese akzeptiert, hat damit auch in der Regel den Bau offiziell akzeptiert und durch schlüssiges Verhalten abgenommen. Das kann auch schon passieren, wenn man den Handwerkern das abschließende Trinkgeld überreicht. Auch deshalb ist es wichtig, eine förmliche Abnahme im Vertrag zu vereinbaren und auch durchzuführen.

9.1 Hilfreich: sachverständige Begleitung von Anfang an

Wer sein Neubauprojekt von Experten begleiten lässt, sichert sich gegen viele Pannen ab.

Der Bauherr sollte den Bauträger- oder Generalunternehmervertrag vor der Unterzeichnung von einem Fachmann prüfen lassen. Der Grund: Viele Bauverträge leiden unter eklatanten Mängeln, die den Hauskäufer unangemessen benachteiligen. Als Bauherr sollte man vor Vertragsunterzeichnung prüfen, ob alle erforderlichen Leistungen in gewünschter Qualität festgeschrieben sind. Man sollte daher auf eine möglichst exakte Beschreibung mit genauer Angabe des zu verwendenden Materials und des angesetzten Materialwerts achten. Die rechtliche Prüfung des Bauvertrags kann ein auf Baurecht spezialisierter Rechtsanwalt übernehmen. Mit der bautechnischen Prüfung des Vertrags können einzelne Sachverständige oder Architekten oder eine der zahlreichen Organisationen, beispielsweise der Verband Privater Bauherren (VPB), die Verbraucherzentralen, der TÜV, der Bauherren-Schutzbund oder der Verbraucherschutzverein wohnen im eigentum e.V., beauftragt werden.

9.2 Die konkludente Abnahme

Eine konkludente Abnahme kommt immer dann in Betracht, wenn das Werk nach den Vorstellungen des Auftraggebers im Wesentlichen mangelfrei fertiggestellt ist und der Auftragnehmer das Verhalten des Auftraggebers als Billigung seiner erbrachten Leistung als im Wesentlichen vertragsgerecht verstehen darf (BGH, Urteil vom 20.2.2014, VII ZR 26/12).

Erforderlich ist ein tatsächliches Verhalten des Auftraggebers, das geeignet ist, seinen Abnahmewillen dem Auftragnehmer gegenüber eindeutig und schlüssig zum Ausdruck zu bringen.

> **Beispiel**
> Vor dem BGH stritten zwei Parteien darüber, ob in der Nutzung der Immobilie bereits eine konkludente Abnahme liegt oder nicht.
> Eine konkludente Abnahme setzt voraus, dass nach den Umständen des Einzelfalls das nach außen hervortretende Verhalten des Bestellers den Schluss rechtfertigt, dass er das Werk als im Wesentlichen vertragsgemäß billigt. Der BGH entschied in einem Urteil vom 20. Februar 2014, VII ZR 26/12: »Eine konkludente Abnahme kommt in Betracht, wenn das Werk nach den Vorstellungen des Auftraggebers im Wesentlichen mangelfrei fertiggestellt ist und der Auftragnehmer das Verhalten

des Auftraggebers als Billigung seiner erbrachten Leistung als im Wesentlichen vertragsgerecht verstehen darf.«

In einer Nutzung durch den Besteller kann eine konkludente Abnahme liegen. Das ist jedoch nicht der Fall, wenn der Besteller vor Beginn der Nutzung oder innerhalb einer angemessenen Prüffrist Mängel rügt, die ihn zu einer Abnahmeverweigerung berechtigen. Gleiches gilt auch, wenn das Bauwerk zum Zeitpunkt der Begehung oder Nutzung noch nicht vollständig fertiggestellt ist. Bei einem Termin auf der Baustelle war auch ein vom Käufer des schlüsselfertigen Objekts beauftragter Sachverständiger zugegen. Dieser monierte eine Reihe von Mängeln, die er zum Teil als erheblich einstufte. Darüber hinaus waren die Außenanlagen noch nicht fertiggestellt, was ebenfalls beanstandet wurde. Der Fertighaushersteller hatte daher keinen Anlass zur Annahme, die Käufer billigten das Werk als im Wesentlichen vertragsgemäß (BGH, Urteil vom 5.11.2015, VII ZR 43/15).

9.3 Separate Teilabnahmen

Wurde eine separate Teilabnahme vereinbart, gelten die Folgen der Abnahme auch für die abgenommenen Teile. Anders bei technischen Abnahmen: Hierbei handelt es sich nicht um Abnahmen im rechtlichen Sinn, sondern um die Funktionsprüfung einzelner Baudetails.

Grundsätzlich sollte der Bauherr die Abnahme gründlich vorbereiten. Am besten besichtigt er den Bau schon ein oder zwei Tage vor dem eigentlichen Termin in Ruhe und nimmt dazu einen Baufachmann mit. Anhand der Leistungs- und Baubeschreibung kann er klären, ob alle vereinbarten Details berücksichtigt und umgesetzt wurden. Er sollte immer darauf achten, dass bei der Abnahme ausreichend Tageslicht vorhanden ist.

9.4 Rechtsfolgen der Bauabnahme

Mit dem Tag der Bauabnahme beginnt die Gewährleistungsfrist zu laufen. Außerdem müssen Bauherren ab diesem Zeitpunkt dem Bauunternehmer alle Mängel nachweisen. Da mit der Bauabnahme auch alle Gefahren und Risiken auf den Bauherrn übergehen, muss sich dieser ab diesem Zeitpunkt auch selber gegen Brand-, Wasser- oder Sturmschäden oder Diebstahl versichern. Mit der Abnahme des Werks wird auch die Vergütung an den Unternehmer fällig. Zudem können die Rechte auf Nachbesserung, Minderung usw. für bekannte Mängel verloren gehen, wenn der Bauherr sie sich nicht bei der Abnahme vorbehalten hat.

> **Beispiel**
>
> Auch der Bundesgerichtshof hat am 25. Februar 2016 interessante Entscheidungen zum Thema Abnahme getroffen. Der Kläger hatte geltend gemacht, das mit Fliesenarbeiten beauftragte Unternehmen habe gepfuscht. Er behauptete, die Firma habe die Fugen mangelhaft hergestellt. Zur Beseitigung der Schäden sei es erforderlich, die Boden- und Wandflächen im Bereich der Duschen zu überfliesen.
> Der BGH entschied, in dem jetzigen Zustand der Fugen, die Schadstellen aufwiesen und teilweise zerstört seien, liege noch kein Mangel des Werks der beklagten Firma. Für die Beurteilung, ob ein Werk mangelhaft ist, komme es grundsätzlich auf den Zeitpunkt der Abnahme an. Mit einem nach einer durchgeführten Abnahme eingetretenen Zustand allein könne die Mangelhaftigkeit eines Werks nicht begründet werden (BGH, Urteil vom 25.2.2016, VII ZR 210/13).
> Mit demselben Datum traf der BGH eine weitere Entscheidung. Er entschied, dass spätere Käufer einer Eigentumswohnung nicht an eine früher erklärte Abnahme gebunden sind. Im Vertrag stand, dass »die Abnahme des gemeinschaftlichen Eigentums (…) bereits erfolgt« sei. Damit wurde die Abnahme des späteren Käufers an die Abnahme der übrigen Eigentümer vor Vertragsschluss in die Vergangenheit vorverlagert. Dies aber führe faktisch zu einer Verkürzung der Verjährungsfrist. Diese Klausel im Kaufvertrag sei unwirksam. Da der Bauträger die Klausel aber verwendet habe, könne er sich nicht auf deren Unwirksamkeit berufen. Der Vertrag befinde sich daher noch im Erfüllungsstadium. Folge: Die Käufer konnten vom Bauträger Kostenvorschuss für die Kosten weitergehender Sanierung verlangen (BGH, Urteil vom 25.2.2016, VII ZR 49/15).

9.5 Das Abnahmeprotokoll

Zur förmlichen Bauabnahme gehört es, dass ein schriftliches Abnahmeprotokoll ausgefüllt wird. Darin sollte alles dokumentiert werden, was mangelhaft ist. Also auch solche Details, die der Bauträger möglicherweise nicht für Mängel hält. Sind Steckdosen schief eingebaut, haben Türen Kratzer, schließen Fenster nicht richtig oder fehlen im Flur noch Fliesen, gehört das ins Protokoll. Wesentliche Mängel sollte der Bauherr niemals stillschweigend in Kauf nehmen, sondern dann lieber die Abnahme verweigern.

Wurde im Bauvertrag eine Vertragsstrafe für den Fall vereinbart, dass das Bauwerk nicht rechtzeitig fertiggestellt wird, muss sich der Bauherr diese Vertragsstrafe im Abnahmeprotokoll noch einmal ausdrücklich vorbehalten, sonst geht dieser Anspruch verloren.

Erfahrungsgemäß kommen beim offiziellen Abnahmetermin viele Mängel ans Tageslicht. Die Parteien können dann im Protokoll gleich einen neuen Termin festlegen, bis zu dem alle Mängel beseitigt sein müssen. Zum Abschluss sollte das Protokoll von allen an der Abnahme Beteiligten unterschrieben werden.

9.6 Wichtig: regelmäßige Baukontrolle

Häufig liegt der Fehler bereits im Rohbau. Läuft dort schon etwas schief, ist dies später oft nur noch mit hohem Aufwand zu korrigieren. Deshalb ist die regelmäßige Baukontrolle während der gesamten Bauzeit so wichtig. Je nach Größe des Objekts sind vier bis fünf Termine üblich. Der letzte Termin muss dann die förmliche Bauabnahme sein, auf die der Bauherr nie verzichten sollte.

Bereits vor dem Bauabnahmetermin sollten Bauherren einen Bausachverständigen mit einer gründlichen Baukontrolle beauftragen. Nur so können Mängel rechtzeitig erkannt und ohne großen Aufwand beseitigt werden. Allein durch diese Qualitätskontrolle lassen sich Mängel in Höhe von durchschnittlich 25.000 Euro pro Bauprojekt vermeiden, schätzt der Verband Privater Bauherren. Den Sachverständigen sollte der Bauherr auch zum offiziellen Abnahmetermin mitnehmen. Die Bauabnahme sollte grundsätzlich auf der Baustelle stattfinden. Werden beim ersten Abnahmetermin gravierende Mängel festgestellt, sollte der Bauherr die Abnahme verweigern. Dies gilt auch für mehrere kleinere Mängel. Auch zum zweiten Termin sollte der Sachverständige dem Bauherrn zur Seite stehen und überprüfen, ob alle im Protokoll aufgeführten Mängel beseitigt wurden.

> **Tipp**
> Auf keinen Fall sollte der Bauherr kommentarlos in ein nicht abgenommenes Haus einziehen, denn mit dem widerspruchslosen Einzug nimmt er das Haus in der Regel ab.

> **Checkliste: Wie Bauherren bei der Bauabnahme vorgehen**
> - Schon vor der Abnahme begeht der Bauherr das Bauobjekt mit einem unabhängigen Sachverständigen und nimmt die Mängel auf.
> - Der Bauherr teilt dem Unternehmen die Mängel mit.
> - Der Bauherr signalisiert dem Unternehmen, dass er die Abnahme wegen der gravierenden Mängel verweigern wird.
> - Zur Abnahme nimmt der Bauherr einen unabhängigen Sachverständigen mit.
> - Bei der Abnahme wird geprüft, ob die Mängel beseitigt wurden und keine neuen Mängel aufgetaucht sind.
> - Sind keine Mängel mehr vorhanden, muss der Bauherr das Bauwerk abnehmen.
> - Sind noch Mängel vorhanden, muss sich der Bauherr bei der Abnahme seine Rechte bezüglich dieser Mängel vorbehalten.

ARBEITSHILFE ONLINE

- Mit der Abnahmeerklärung sollte dann sofort eine Nachfrist für die Beseitigung der Mängel gesetzt werden.
- Bei gravierenden Mängeln kann der Bauherr die Abnahme verweigern.
- Der Bauherr kann dann in der Regel das Doppelte der Nachbesserungskosten vom fälligen Werklohn einbehalten, bis die Mängel beseitigt sind. Auch die Erfüllungssicherheit von 5% muss er erst herausgeben, wenn die gerügten Mängel beseitigt wurden.

9.7 Wenn Mängel festgestellt werden

Es sind nicht immer dramatische Mängel, die dem Bauherrn das Leben schwer machen. Häufig sind es nur Kleinigkeiten, die beim Bauen zunächst unentdeckt bleiben, sich später aber als Mängel zeigen und häufig mit viel Aufwand behoben werden müssen.

Besonders häufig vorkommende Mängel sind fehlerhafte Abdichtungen. Häufig haben Fertighausanbieter kein Baugrundgutachten anfertigen lassen. Dadurch kennen sie die Bodenverhältnisse nicht, die entscheidend für Planung und technische Ausführung sind. Gegen drückendes Grundwasser etwa muss der Keller entsprechend abgedichtet werden. Unterbleibt die korrekte Abdichtung, sind Feuchteschäden unausweichlich.

Viele Fehler entstehen auch bei der Bodenplatte, die oft Risse und Löcher hat. Mangelhaft ist bei vielen Neubauten auch die Luftdichtigkeit. Wärmedämmverbundsysteme werden falsch eingebaut, ebenso wie Dampfbremsen. Auch beim Mauern werden Fehler gemacht: Die dort Beschäftigten verwenden zu wenig oder gar keinen Mörtel, sie lassen Fugen offen, benutzen Montageschaum statt Mörtel. Auch die Statik mancher Mauer kann zu wünschen übrig lassen – diese ist dann einsturzgefährdet. Schludrigkeiten fallen nicht auf, wenn alles überputzt wird.

9.7.1 Wer haftet bei Baumängeln?

Fast jeder Bauherr hat nach Fertigstellung des Baus mit Baumängeln zu kämpfen. Wesentliche Mängel sollte man nie stillschweigend in Kauf nehmen. Liegen solche Mängel vor, sollte man die Abnahme verweigern. Während der Gewährleistungsfrist – das sind fünf Jahre gerechnet ab der Abnahme der Leistung – haften Bauträger und Bauunternehmer auf Beseitigung der Mängel. Dieser Anspruch kann auch durch die allgemeinen Geschäftsbedingungen nicht eingeschränkt werden. Der Generalunternehmer kann den Bauherrn nicht darauf verweisen, zunächst seine Ansprüche gegen die am Bau beteiligten Subunternehmer und/oder den Architekten geltend zu machen (BGH, Urteil vom 21.3.2002, VII ZR 493/00).

> **Beispiel**
>
> Ein Dachdeckerunternehmen verlangte Werklohn für seine Arbeiten. Der Bauherr weigerte sich, weil für die Dachunterschalung zu feuchtes Holz verwendet worden sei. Dadurch sei es zu erheblicher Fäulnis und Schimmelbildung gekommen. Nach Fristablauf beauftragte der Bauherr ein anderes Unternehmen damit, das gesamte Dach abzubauen und wieder neu zu errichten. Der Bundesgerichtshof gab ihm recht. Als Auftraggeber muss man sich bei mangelhafter Ausführung einer Bauleistung nicht mit einer billigeren Ersatzlösung zufriedengeben. Der Bauherr hat Anspruch auf eine komplette Nachbesserung, also auf alles, was zur ordnungsgemäßen Erbringung der Werkleistung erforderlich ist (BGH, Urteil vom 27.3.2003, VII ZR 443/01).

9.7.2 Wie man eine Mängelrüge richtig formuliert

Stellt der Bauherr einen Mangel fest, zum Beispiel Risse im Außenputz oder eine feuchte Stelle, muss er dies dem verantwortlichen Auftragnehmer mitteilen, also eine Mängelrüge formulieren. Dazu muss er das Symptom beschreiben, also wie der Mangel sich bemerkbar macht und wo im Gebäude er zu finden ist, zum Beispiel: feuchter Fleck an der Wohnzimmerdecke. Die Darlegung der technischen Ursachen, also warum der Mangel aufgetreten ist, und ob den Auftragnehmer daran ein Verschulden trifft, ist nicht Sache des Auftraggebers. Der Bauherr muss aber in jedem Fall den Mangel gegenüber der richtigen Firma rügen und diese auffordern, ihn zu beseitigen. Dazu ist der Auftragnehmer verpflichtet und es ist auch sein gutes Recht: Schließlich ist es für ihn billiger, den Mangel selbst zu beseitigen, als wenn dies durch einen anderen Unternehmer geschieht.

Mit dem Ansinnen, einen Mangel zu beseitigen, rennt ein Bauherr nicht gerade offene Türen ein. Die Baufirma ist nicht erfreut, wenn sie auf eigene Kosten die Baustelle erneut anfahren muss. Dazu ist sie jedoch verpflichtet, weil sie ein mangelfreies Werk schuldet.

Deshalb sollte der Bauherr, sobald er den Mangel entdeckt hat, die Firma schriftlich zur Beseitigung auffordern und dafür eine angemessene Frist setzen – was auch durchaus in einem freundlichen Ton geschehen kann. Reagiert die Firma auf diese Rüge nicht, sollte eine zweite schriftliche Rüge erfolgen, dieses Mal schärfer formuliert. Auch in diesem Schreiben setzt der Bauherr dem Unternehmen eine Frist, bis zu der der Mangel behoben sein muss. Verstreicht die Frist, ohne dass der Mangel beseitigt wurde, folgen die angedrohten Konsequenzen: eine Minderung der Vergütung oder die Beauftragung eines anderen Unternehmens. Hat der Bauherr schon alle Rechnungen bezahlt, kann er einen angemessenen Betrag zurückfordern und diesen unter Umständen einklagen.

> **! Tipp**
> Liegt ein Mangel vor, kann der Bauherr – wenn der Werklohn noch nicht voll bezahlt ist – das Doppelte der voraussichtlichen Beseitigungskosten einbehalten, bis der Unternehmer den Mangel beseitigt hat. Ist die Frist, die der Bauherr dem Unternehmer gesetzt hat, abgelaufen und hat der Bauherr die Nachbesserung von einer anderen Firma ausführen lassen, darf er von dem einbehaltenen Betrag die hierdurch entstandenen Kosten abziehen und muss nur den Rest bezahlen.

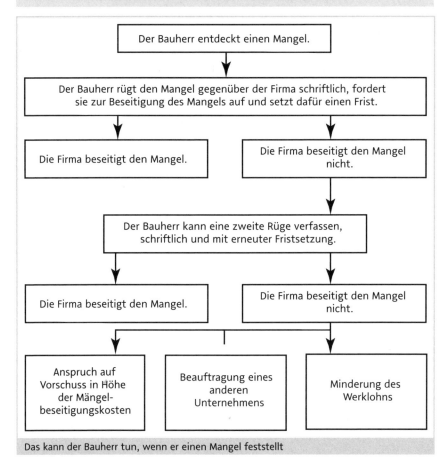

Das kann der Bauherr tun, wenn er einen Mangel feststellt

9.7.3 Frist für die Mängelbeseitigung

Wie lange sich der Unternehmer mit der Beseitigung des Mangels Zeit lassen kann, richtet sich nach dem Umfang des Mangels. Die Frist muss diesbezüglich angemessen sein. Läuft beispielsweise Wasser durchs Dach, muss der Unternehmer, wie bei anderen Notfällen, binnen 24 Stunden Maßnahmen einleiten.

Als Bauherr muss man keine Rücksicht auf den laufenden Betrieb der Baufirma nehmen. Allerdings sind Liefer- und Produktionszeiten von Ersatzbauteilen zu beachten. Ist die Mängelbeseitigung nicht erfolgreich, muss er der Firma noch einen zweiten Nachbesserungstermin einräumen.

9.7.4 Beschränkte Haftung des Bauträgers

Gelegentlich versuchen Bauträger, ihre Haftung für Baumängel einzuschränken. Entweder versuchen sie, schon in den allgemeinen Geschäftsbedingungen (AGB) im Bauträgervertrag ihre Haftung ganz auszuschließen. Oder sie versuchen, die Haftung nur bei Verschulden zuzulassen. Gerne wird auch die Gewährleistung auf die Baumängel beschränkt, die im Abnahmeprotokoll festgehalten wurden. Solche AGB halten aber häufig nicht der richterlichen Kontrolle stand. Der Grund: Dem Erwerber muss immer ein vom Verschulden unabhängiger Nachbesserungsanspruch erhalten bleiben. Der Bauherr kann sich also der Haftung nicht mit dem Argument entziehen, dass er den Mangel nicht verschuldet hat. Der Bauträger kann auch nicht das Rücktritts- oder Kaufpreisminderungsrecht des Käufers ausschließen für den Fall, dass die Nachbesserung misslingt.

> **Tipp**
>
> Klauseln, die vorsehen, dass der Käufer nicht berechtigt ist, den Kaufpreis herabzusetzen oder sich vom Vertrag zu lösen, sind unwirksam. Ebenso unwirksam sind Klauseln, mit denen die Haftung nur auf die im Abnahmeprotokoll festgehaltenen Fehler beschränkt wird. Allerdings gilt dies nur, wenn der Haftungsausschluss in den AGB geregelt wurde. Handelt es sich um eine individuelle, im Einzelnen ausgehandelte Klausel, kann der Haftungsausschluss wirksam sein.

9.7.5 Mängel richtig rügen

Damit der Bauherr den Anspruch auf ein mangelfreies Haus durchsetzen kann, gibt es das Gewährleistungsrecht: Auch wenn die Handwerker fertig sind und das Haus von seinen neuen Bewohnern bezogen wurde, können diese von den

Handwerkern noch Nachbesserung, Mängelbeseitigung und Schadensersatz fordern. Die Kosten für Mängel, die der Hausbesitzer nicht innerhalb der Gewährleistungsfrist erkennt, muss er später aus der eigenen Tasche bezahlen.

Die Gewährleistungsfrist beginnt nach der Abnahme. Von diesem Zeitpunkt an hat der Bauherr eine Frist von vier beziehungsweise fünf Jahren, um auftretende Mängel von den Handwerkern beseitigen zu lassen. Die Länge der Gewährleistungsfrist hängt davon ab, welche gesetzliche Regelung dem Vertrag zugrunde gelegt wurde: Verträge nach BGB haben eine regelmäßige Verjährungsfrist von fünf Jahren. Bei Verträgen nach VOB (Vergabe- und Vertragsordnung für Bauleistungen) beträgt die Verjährungsfrist vier Jahre. Danach kann der Bauherr nur noch in Ausnahmefällen – wie bei einer arglistigen Täuschung – seine Gewährleistungsansprüche durchsetzen.

Wenn der Bauherr einen Mangel entdeckt, sollte er zunächst einen Termin mit dem Architekten oder Bauleiter vereinbaren, um das weitere Vorgehen zu besprechen. Wichtig ist, dass er den Mangel dokumentiert – das erleichtert im Streitfall den Nachweis und somit die Durchsetzung des Anspruchs aus Gewährleistung. Zudem ist die Mängelrüge schriftlich zu formulieren und dem betreffenden Handwerksunternehmen zuzusenden. Wichtig ist, dass der Bauherr den Mangel bei der richtigen Firma rügt. Fordert der Bauherr nämlich irrtümlich das falsche Unternehmen auf, den Schaden zu beseitigen, weil er nicht erkennt, woher der Schaden rührt, läuft die Verjährung für das verursachende Unternehmen weiter. Nur bei bestimmten nach VOB/B geschlossenen Verträgen verlängert sich durch die Zustellung der schriftlichen Mängelrüge die Verjährungsfrist.

Wenn der Architekt die Rüge übernimmt, sollte der Bauherr sich eine Kopie der Mängelrüge aushändigen lassen. In der Mängelrüge muss der Mangel beschrieben werden und eine ausreichende Frist zur Beseitigung gesetzt werden. Zur Beweissicherung sollte die Mängelrüge per Einschreiben mit Rückschein versendet werden.

Danach wird ein Ortstermin mit dem Architekten beziehungsweise mit dem Bauleiter, dem betroffenen Unternehmer und dem Bauherrn vereinbart. Bei einem Bauvertrag nach BGB ist dafür die Anerkennung des Mangels durch den Unternehmer beziehungsweise ein selbstständiges Beweissicherungsverfahren notwendig.

Meldet sich das Unternehmen, bei dem der Bauherr den Mangel gemeldet hat, nicht, kann die Zeit für den Bauherrn bis zum Ablauf der Gewährleistungsfrist knapp werden. Dann muss der Hausbesitzer rechtliche Schritte erwägen – wie etwa ein selbstständiges Beweisverfahren oder eine Klage. Der Mangel muss dem Bauträger schriftlich gemeldet werden. Der Bauherr setzt ihm dann eine angemessene, nicht zu kurze Frist zur Beseitigung der Mängel. Der Bauträger besichtigt den Schaden und wird diesen beseitigen oder eine Mängelbeseitigung ablehnen. Oft wird der Bauträger den ausführenden Handwerker schicken. Allerdings bleibt der Bauträger auch dann der Anspruchsgegner. Er ist für die Beseitigung des Mangels verantwortlich. Lässt der Bauträger es auf einen Prozess ankommen, sollten Beweise für die Existenz des Mangels gesichert werden. Im Streitfall sollte der Bauherr einen Sachverständigen beauftragen, der den Mangel begutachtet. Solche Folgekosten muss der Bauträger, der den Mangel verschuldet hat, ebenfalls bezahlen. Bei Gewährleistungsbedingungen nach VOB/B hemmt eine Mängelanzeige den Ablauf der Gewährleistungsfrist. Vor Ablauf der Frist sollte der Bauherr daher auf jeden Fall per Einschreiben/Rückschein oder per Boten den Mangel anzeigen.

9.7.6 Wie lange muss der Handwerker nachbessern?

Bauherren haben fünf Jahre nach der Abnahme Gewährleistungsrechte. Danach sind die Mängelansprüche verjährt. Entdeckt der Bauherr kurz nach seinem Einzug ins neue Haus noch Mängel, sollte er den Bauunternehmer zur Mangelbeseitigung auffordern. Der Bauträger klärt mit seinen Subunternehmern, wer dies übernimmt. Mit der Behebung des Schadens beginnt die fünfjährige Gewährleistungsfrist erneut zu laufen. Aus diesem Grund sollte sich der Bauherr die Nachbesserungsarbeiten unbedingt bescheinigen lassen. In der Regel reicht dazu der Montagebericht. Ignoriert der Unternehmer die Aufforderung des Bauherrn, den Mangel zu beheben, muss der Bauherr den Mangel schriftlich rügen. Dabei sollte er diesen genau beschreiben und eine angemessene Frist zur Beseitigung setzen. Bei einem Wasserrohrbruch muss die Firma innerhalb von Stunden kommen, bei einem Bagatellschaden sind ein bis zwei Wochen angemessen. Verstreicht die Frist ergebnislos, darf der Bauherr entweder die Rechnung mindern, sofern er noch nicht alles bezahlt hat, oder er kann den Unternehmer auf Schadensersatz belangen. Er darf auch sofort einen Gutachter einschalten, den der Bauunternehmer später bezahlen muss. Außerdem kann er eine sogenannte Ersatzvornahme beauftragen, also eine Fremdfirma mit der Beseitigung des Schadens beauftragen – und die Kosten dem Verursacher in Rechnung stellen. Dafür kann er sogar einen Vorschuss für diese Kosten verlangen. Ist es allerdings erst einmal so weit gekommen, muss der Bauherr in der Regel seine Rechte, Kosten und Auslagen vor Gericht einklagen. Das kann Jahre dauern. Deshalb lohnt sich die laufende Qualitätskontrolle durch einen unabhängigen Sachverständigen. Er erkennt viele Probleme, bevor sie sich zu echten Baumängeln entwickeln.

> **Beispiel**
>
> Manchmal erschließt sich ein Mangel erst auf den zweiten Blick. So wie in diesem Fall: Der Bauherr hatte bei dem Fertighausanbieter den Bau einer Doppelgarage bestellt. Später klagte er gegen den Bauunternehmer, weil er seinen Wagen nur mit mehrmaligem Rangieren in der hauseigenen Garage parken konnte. Für ihn war dies ein Mangel. Das Oberlandesgericht München sah dies jedoch anders: Da es für den Bau einer privaten Garage keine anerkannten Regeln der Technik gebe, habe der Bauunternehmer seinen Vertrag erfüllt (OLG München, Beschluss vom 7.8.2012, 9 U 601/12).

Wurde mit dem Bauträger oder Bauunternehmer eine Vertragsstrafe vereinbart, zum Beispiel für die nicht rechtzeitige Fertigstellung des Werks, muss der Bauherr sich die damit verbundenen Rechte bei der Abnahme ausdrücklich vorbehalten, sonst gehen sie verloren.

Eine weitere Konsequenz der Abnahme ist, dass alle Risiken auf den Bauherrn übergehen, wie das des zufälligen Untergangs oder der Verschlechterung des Bauwerks. Wird das Bauwerk also vor der Abnahme durch ein Unwetter oder durch Vandalismus beschädigt, ist es Sache des Bauunternehmens oder Bauträgers, die Schäden zu beseitigen. Entsteht ein solcher Schaden nach der Abnahme, muss der Bauherr die Reparatur oder den Neubau aus der eigenen Tasche bezahlen, wenn er sich nicht entsprechend versichert hat.

> **Tipp**
>
> Mit der Abnahme des Bauwerks kehrt sich die Beweislast um: Bis zur Abnahme ist es Sache des Bauunternehmens nachzuweisen, dass er die Bauarbeiten wie besprochen erbracht hat. Danach geht die Beweislast auf den Erwerber beziehungsweise Bauherrn über und der Bauherr oder Erwerber muss nachweisen, dass Baumängel vorliegen.

9.8 Die Abnahme des Gemeinschaftseigentums durch die WEG

Nicht nur die einzelne Wohnung oder das Haus müssen abgenommen werden. Dies gilt auch in WEG-Anlagen für das Gemeinschaftseigentum wie Gemeinschaftseinrichtungen oder den gemeinsamen Parkplatz. Grundsätzlich hat jeder Miteigentümer das Recht auf eine eigene Abnahme. Durch die einzelnen Abnahmen kann es dazu kommen, dass unterschiedliche Gewährleistungsfristen gelten können. Wer später abnimmt, dessen Ansprüche laufen länger.

Unwirksam sind Klauseln in Bauverträgen, wonach der Bauträger selbst, eine Tochtergesellschaft oder das Mutterunternehmen die Abnahme vornehmen.

Dies ist ebenso unzulässig wie Klauseln, wonach die Abnahme von einem Sachverständigen vorgenommen wird, den der Bauträger bestimmt hat. Ebenfalls unwirksam ist die Abnahme durch einen WEG-Verwalter, der mit dem Bauträger identisch oder mit diesem rechtlich oder wirtschaftlich verbunden ist oder vom Bauträger bestimmt wurde.

> **Wichtig**
> Es gibt keine Pflicht zur gemeinsamen Abnahme, selbst wenn andere Käufer das Gemeinschaftseigentum bereits abgenommen haben. Der einzelne Käufer ist nicht an diese Abnahmen gebunden.

Die Verjährung von Gewährleistungsansprüchen geschieht manchmal völlig unbemerkt. So war es auch in einem Fall einer WEG, über den das Landgericht Schweinfurt im Januar 2015 zu entscheiden hatte. Das Urteil: Eine Eigentümergemeinschaft könne Gemeinschaftseigentum schlüssig als ordnungsgemäß akzeptieren und es bedürfe keiner ausdrücklichen Abnahme. Dadurch droht auch die unbemerkte Verjährung von Gewährleistungsansprüchen.

> **Beispiel**
> Eine Wohnungseigentümergemeinschaft hatte Gewährleistungsansprüche gegen einen Bauträger für Mängel am Gemeinschaftseigentum geltend gemacht. Die Kaufverträge zwischen den einzelnen WEG-Eigentümern und dem Bauträger enthielten eine Regelung, wonach der Verwalter mit zwei Wohnungseigentümern das gemeinschaftliche Eigentum mit Wirkung für alle Mitglieder der Eigentümergemeinschaft abnehmen sollte. Eine solche Abnahme wurde jedoch nie durchgeführt. Die Mitglieder der Eigentümergemeinschaft hatten einfach ihre Eigentumswohnungen bezogen und als Eigentümer genutzt. Als schließlich Jahre später Ansprüche wegen Mängeln am Gemeinschaftseigentum gegen den Bauträger geltend gemacht wurden, waren diese bereits verjährt. Zwar hatte eine ausdrückliche Abnahme, wie im Bauträgervertrag vorgesehen, nicht stattgefunden. Die Mitglieder der Eigentümergemeinschaft hatten jedoch durch ihr Verhalten auf die förmliche Abnahme des Gemeinschaftseigentums verzichtet. Damit war die Abnahme schlüssig erfolgt und die Verjährungsfrist war in Gang gesetzt worden. Eine Abnahme kann auch nach Ablauf der Prüfungsfrist unterstellt werden, es sei denn, eine Abnahme wird innerhalb der Prüfungsfrist ausdrücklich verweigert (BGH, Urteil vom 20.2.2014, VII ZR 26/12). Die Verjährungsfrist war daher tatsächlich eingetreten (Landgericht Schweinfurt, Urteil vom 23.1.2015, 22 O 135/13).

Mängelansprüche des Sondereigentümers

Der Anspruch auf mängelfreie Herstellung und ordnungsgemäße Bauleistung beschränkt sich nicht nur auf das Gemeinschaftseigentum, sondern gilt für das gesamte zu errichtende Objekt, also auch für das Sonder- beziehungsweise Teileigentum. Bei Mängeln am Sondereigentum stehen dem jeweiligen

Sondereigentümer individuelle Ansprüche gegenüber dem Hersteller zu, und zwar unabhängig von sonstigen Ansprüchen anderer Miteigentümer oder der Wohnungseigentümergemeinschaft.

Der einzelne Wohnungseigentümer kann die ihm persönlich zustehenden individuellen Mängelrechte selbstständig und ohne Rücksprache oder Abstimmung mit den anderen Wohnungseigentümern geltend machen. Ein Beschluss der Wohnungseigentümergemeinschaft, der direkt in die individuellen Mängelrechte des Sondereigentümers eingreift, ist mangels Beschlusskompetenz nichtig.

Um jedoch den Bauträger davor zu schützen, dass jeder einzelne Miteigentümer eine Einzelfalllösung anstreben kann wie Minderung, Nachbesserung oder Rücktritt vom Vertrag, ist der Schadensersatz wegen Nichterfüllung auf den sogenannten großen Schadensersatz sowie das Rücktrittsrecht beschränkt (BGH, Urteil vom 8.1.2014, XII ZR 12/13). Der Wohnungseigentümergemeinschaft bleibt es allerdings unbenommen, die Sache an sich zu ziehen und Mängelgewährleistungsansprüche gegenüber dem Bauträger geltend zu machen. Der einzelne Miteigentümer ist dann nicht mehr dazu berechtigt. Sobald die sogenannte Vergemeinschaftung eingetreten ist, kann nur noch der Verband der Wohnungseigentümergemeinschaft handeln. Auch in diesem Fall kann aber der einzelne Wohnungseigentümer dem Bauträger eine Frist zur Mängelbeseitigung mit Ablehnungsandrohung in Hinblick auf sein Sondereigentum setzen, wenn die fristgebundene Aufforderung zur Mängelbeseitigung mit den Interessen der Wohnungseigentümergemeinschaft nicht kollidiert oder schützenswerte Interessen des Bauträgers nicht beeinträchtigt (BGH, 6.3.2014, VII ZR 266/13).

10 Instandhaltung und Instandsetzung: So ist der Einsatz von Handwerkern im Mietrecht geregelt

10.1 Mängelbeseitigung durch den Vermieter

Das Gesetz sieht in § 535 BGB vor, dass der Vermieter die Mietsache in einem zum vertragsgemäßen Gebrauch geeigneten Zustand erhalten muss. Für den Mieter ist Maßstab immer der Zeitpunkt seines Einzugs: In diesem – allerdings auch nicht in einem besseren – Zustand muss sich die Wohnung während der gesamten Mietdauer befinden. Hat der Geschirrspüler zum Zeitpunkt des Einzugs funktioniert, muss er vom Vermieter ersetzt werden, wenn er während des Mietverhältnisses nicht mehr funktioniert. Eine Ausnahme gilt nur dann, wenn der Mieter für den Defekt verantwortlich ist. Einen von ihm verursachten Schaden muss der Mieter daher ersetzen.

Tritt ein Mangel in der Wohnung auf, ist der Mieter verpflichtet, diesen umgehend dem Vermieter zu melden. Unterlässt er dies und vergrößert sich der Schaden dadurch, dass er nicht gleich behoben wird, kann sich der Mieter schadensersatzpflichtig machen. In der Regel beauftragt der Vermieter einen Handwerker, um den Schaden zu beheben. Er hat auch ein berechtigtes Interesse, die Wohnung zu besichtigen und den gemeldeten Schaden zu begutachten. Dafür muss ihm der Mieter Zutritt zu seiner Wohnung gewähren, denn insoweit trifft den Mieter eine Obhuts- und Mitwirkungspflicht. Der Vermieter kann dann auch gleich den Handwerker zur Besichtigung mitbringen.

> **Wichtig**
> Eigenmächtig darf der Mieter keine Handwerker beauftragen. Denn dies ist immer Sache des Vermieters. Der Grund: Er ist der Eigentümer und entscheidet, was mit seiner Immobilie geschieht. Außerdem kann er entscheiden, welchem Handwerker er sein Vertrauen schenkt.

> **Beispiel**
> Ein Mieter hatte eigenmächtig einen Handwerker für seine defekte Heizung beauftragt und Mängel beseitigen lassen. Von seinem Vermieter verlangte er die Erstattung seiner Kosten. Damit jedoch blitzte er vor dem Bundesgerichtshof ab. Begründung der Richter: Der Vermieter habe Vorrang bei der Mängelbeseitigung. Er solle nicht vor vollendete Tatsachen gestellt werden, sondern die Möglichkeit haben, den Defekt selbst zu überprüfen und über die Beseitigung zu entscheiden. Der BGH-Senat zog in diesem Fall auch eine Parallele zum Kaufrecht: Auch beim Erwerb

einer mangelhaften Sache müsse der Käufer den Verkäufer zuerst zur Beseitigung auffordern. Erst wenn das erfolglos bleibe, habe er einen Anspruch auf Reparatur auf Kosten des Anbieters. In diesem Sinne biete das Gesetz über die Geschäftsführung ohne Auftrag keine Rechtsgrundlage für den Anspruch des Mieters an den Vermieter, Ersatz für seine Reparaturkosten zu verlangen (BGH, Urteil vom 16.1.2008, VIII ZR 222/06).

! **Achtung**

Anders ist die Rechtslage dann, wenn ein Verzug des Vermieters oder ein dringender Fall vorliegt: Im Notfall, etwa bei einem Wasserrohrbruch, der sofort behoben werden muss, darf der Mieter gleich einen Handwerker rufen.

10.2 Gesetzliches Mietminderungsrecht des Mieters

Hat der Mieter den Schaden dem Vermieter gemeldet, ist es an diesem, den Schaden beheben zu lassen. In der Zwischenzeit, also bis zur Behebung des Mangels, kann der Mieter die Miete um einen angemessenen Betrag mindern. Was angemessen ist, haben in zahlreichen Verhandlungen die Gerichte entschieden. Maßgeblich ist immer der konkrete Einzelfall und der Grund der Beeinträchtigung des Mieters in seiner Wohnqualität.

! **Tipp**

Der Mieter kann seine Mietzahlung ab Meldung des Mangels unter Vorbehalt stellen. Dann erhält er sich das Mietminderungsrecht für den Fall, dass der Vermieter nicht umgehend seiner Schadensbeseitigungspflicht nachkommt.

Welche Minderungshöhe angemessen ist, kann zunächst der Mieter entscheiden. Oder beide Seiten verständigen sich auf eine bestimmte Minderungsquote. Bei kleineren Mängeln wie einem defekten Briefkasten darf der Mieter eventuell die Miete nur um 1% mindern (OLG Dresden, I U 696/96). Fällt dagegen die Heizung im Winter für längere Zeit aus, kann der Mieter unter Umständen die Miete sogar um 100% kürzen, braucht dann also gar keine Miete mehr zu zahlen, bis die Heizung wieder funktioniert.

10.2.1 Mietminderung bei Mängeln

Im Folgenden werden einige Mängel genannt, in den Mieter zur Mietminderung berechtigen:
- Diverse Mängel wie eine nicht schließende Haustür, ein defekter Briefkasten und ein verschmutzter Trockenboden rechtfertigen eine Mietminderung von 30% (Amtsgericht Osnabrück, 47 C 216/99).

- Diverse Mängel wie undichte Fenster, blinde Scheiben, Lärmbelästigung durch Dachlüfter oder rostiges Warmwasser rechtfertigen eine Mietminderung von 14% (Landgericht Hamburg, 16 S 332/82).
- Diverse kleinere Feuchtigkeitsflecken in einer Wohnung sind Mängel der Mietsache, die eine Mietminderung in Höhe von 5% rechtfertigen (Amtsgericht Bad Schwalbach, 2 C 209/84).
- Der Ausfall der Heizung im Sommer rechtfertigt eine Mietminderung von 50% (Landgericht Hamburg, 7 O 80/74).
- Aufsteigende Feuchtigkeit in der gesamten Wohnung rechtfertigt eine Mietminderung von 60% (Amtsgericht Bad Vilbel, 3 b C 52/96).
- Das Fehlen der Klingelanlage ist ein Mangel der Mietsache, der eine Mietminderung von 7,5% rechtfertigt (Oberlandesgericht Hamburg, 4 U 32/97).
- Die fehlende Verfliesung auf dem Balkon rechtfertigt eine Mietminderung von 3% (Amtsgericht Berlin-Schöneberg, 109 C 256/07).
- Diverse Mängel im Badezimmer an Badewannenbeschichtung, Fliesen oder Mischbatterie rechtfertigen eine Mietminderung von 20% (Amtsgericht Dortmund, 125 C 13911/92).

Hat der Mieter dem Vermieter den Mangel angezeigt und behebt der Vermieter den Mangel nicht innerhalb angemessener Zeit, muss der Mieter die Schadensbeseitigung schriftlich anmahnen. Erst wenn der Vermieter dann nicht tätig wird, darf der Mieter die Mängelbeseitigung selbst in Auftrag geben. Die Kosten kann er vom Vermieter zurückverlangen oder mit der Miete verrechnen.

10.2.2 Mietminderungsrecht bei Bauarbeiten

Lässt der Vermieter im Haus Bauarbeiten durchführen, können Lärm und Dreck entstehen, die die Mieter stören. Während Mieter früher in jedem Fall ein Recht auf Mietminderung geltend machen konnten, wurde dieses Recht durch das sogenannte Mietrechtsänderungsgesetz 2013 teilweise geändert: Es sieht vor, dass das Mietminderungsrecht des Mieters für die ersten drei Monate einer energetischen Sanierung ausgeschlossen ist (§ 536 Abs. 1a BGB). Betroffen sind Baumaßnahmen, die nachhaltig Energie einsparen, wie der Einbau einer neuen Heizungsanlage oder die Dämmung der Fassade. Durch die Gesetzesänderung sollen Modernisierungen erleichtert werden. Wird hingegen lediglich der Wohnwert verbessert, also zum Beispiel ein Aufzug eingebaut, können die Mieter vom ersten Tag der Bauarbeiten an ihr Mietminderungsrecht geltend machen.

Auch wenn Bauarbeiten auf dem Nachbargrundstück für Lärm, Dreck und Ärger sorgen, kann der Mieter die Miete mindern. Der Vermieter muss dies hinnehmen, auch wenn er für die Bauarbeiten des Nachbarn nichts kann. Ausnahme: Das Mietminderungsrecht des Mieters entfällt in den Fällen, in denen der Vermieter bereits vorausschauend im Mietvertrag auf eventuelle Bauarbeiten und einhergehende Beeinträchtigungen hingewiesen hat. Mängel, die der Mieter bereits bei Abschluss des Mietvertrags kannte, kann er später nicht rügen. In diesem Fall entfällt sein Recht zur Mietminderung.

10.3 Erhaltungsmaßnahmen im Mietverhältnis

Maßnahmen, die zur Instandhaltung oder Instandsetzung der Mietwohnung dienen, muss der Mieter grundsätzlich dulden (§ 555a BGB). Sie müssen dem Mieter auch rechtzeitig angekündigt werden. Keine Ankündigung ist erforderlich, wenn die Maßnahme nur mit einer unerheblichen Einwirkung auf die Mietsache verbunden oder ihre sofortige Durchführung zwingend erforderlich ist. Eine besondere Form oder Frist für die Ankündigung besteht nicht. Nach Meinung des Amtsgerichts Berlin-Charlottenburg müssen die Instandsetzungsarbeiten dem Mieter »angeboten« und die geplanten Arbeiten vollständig beschrieben werden (Amtsgericht Berlin-Charlottenburg, Urteil vom 7.6.2013, 216 C 7/13). Die Rechtzeitigkeit der Ankündigung sollte sich an der Art der Maßnahme beziehungsweise an ihrem Umfang und ihrer Dringlichkeit orientieren. Je nach Schwere der mit den Bauarbeiten verbundenen Behinderungen des vertragsgemäßen Gebrauchs der Mietsache soll der Vermieter verpflichtet sein, die Maßnahmen einige Wochen vor Baubeginn anzukündigen.

Allerdings muss der Vermieter immer nur erforderliche Maßnahmen durchführen. Eine Pflicht zur Modernisierung der Wohnung besteht nicht. Geschuldet ist immer nur der Standard, wie er bei Einzug des Mieters vorlag.

> **Achtung**
> Auch der Mieter hat kein Recht dazu, selbst bauliche Veränderungen in der Mietwohnung ohne die Zustimmung des Vermieters vorzunehmen (BGH, Urteil vom 14.9.2011, VIII ZR 10/11).

Unter Instandsetzungsarbeiten wird die Behebung von baulichen Mängeln verstanden, also von Mängeln, die infolge von Abnutzung, Alterung, Witterungseinflüssen oder Einwirkungen Dritter entstanden sind. Die Maßnahmen müssen objektiv erforderlich sein. Der Mieter muss dazu auch die Besichtigung der Wohnung dulden: also die Besichtigung der Räume durch den Vermieter zusammen mit dem Architekten, Bauunternehmern und Handwerkern, um Mängel in Augenschein zu nehmen und notwendige Maßnahmen zur Behebung der Mängel festzulegen. Schließlich dürfen die Räume auch nach Beendigung der Bauarbeiten besichtigt werden, um festzustellen, ob die Arbeiten ordnungsgemäß ausgeführt und die Mängel behoben wurden.

10.4 Die Modernisierung

Plant der Vermieter eine Modernisierung der Wohnung, kann er die Kosten dem Mieter auferlegen. Dies setzt allerdings voraus, dass entweder durch die Maßnahme der Wohnwert verbessert oder nachhaltig Energie eingespart wird.

Nach §555c BGB muss der Vermieter den Mieter drei Monate vor Beginn der Maßnahme schriftlich über die geplante Modernisierungsmaßnahme informieren. Er muss deren Art, den voraussichtlichen Umfang, den Beginn sowie die voraussichtliche Dauer mitteilen. Der Ablauf der Arbeiten hinsichtlich der einzelnen Gewerke muss nicht näher erläutert werden (Kammergericht Berlin, Urteil vom 10.5.2007, 8 U 166/06).

Unabhängig davon, ob der Vermieter aufgrund der Modernisierung die Miete erhöhen will oder nicht, muss er dem Mieter die voraussichtlichen künftigen Betriebskosten mitteilen, wenn sich diese durch die Modernisierungsarbeiten ändern, zum Beispiel durch den Einbau eines Aufzugs.

> **Tipp**
> Der Vermieter hat keine Mitteilungspflicht bei Maßnahmen, die mit keiner oder nur mit einer unerheblichen Einwirkung auf die vermieteten Räume verbunden sind und zu keiner oder nur zu einer unerheblichen Erhöhung der Miete führen. Dies ist zum Beispiel beim Einbau von Rauchwarnmeldern der Fall.

Der Mieter muss die Modernisierungsmaßnahmen grundsätzlich dulden. Wirtschaftliche Gründe hinsichtlich der zu erwartenden Mieterhöhung werden erst bei der konkreten Mieterhöhung geprüft.

Allerdings besteht keine Duldungspflicht, wenn die Modernisierung für den Mieter, seine Familie oder einen Angehörigen seines Haushalts eine Härte bedeuten würde, die auch unter Würdigung der berechtigten Interessen sowohl des Vermieters als auch anderer Mieter in dem Gebäude sowie durch Belange der Energieeinsparung und des Klimaschutzes nicht zu rechtfertigen ist. Zu berücksichtigen ist demnach:
- Alter und Gesundheit des Mieters
- bauliche Folgen der Maßnahmen wie einschneidende Grundrissänderungen, wesentlicher Verlust an Licht und Sonne

- vorausgegangene Verwendungen des Mieters wie Vornahme von Einbauten auf Kosten des Mieters, die durch die geplanten Maßnahmen hinfällig werden.

Umstände, die eine Härte begründen, muss der Mieter dem Vermieter bis zum Ablauf des Monats, der auf den Zugang der Modernisierungsankündigung folgt, schriftlich mitteilen (§ 555d Abs. 3 BGB). Duldet der Mieter die Modernisierung nicht, muss der Vermieter Klage erheben. Nach § 555e BGB hat der Mieter bei einer anstehenden Modernisierung ein Sonderkündigungsrecht. Die Kündigung muss bis zum Ablauf des Monats erfolgen, der auf den Zugang der Modernisierungsankündigung folgt.

Vermieter und Mieter können auch freiwillige Modernisierungsvereinbarungen treffen. Darin ist die Duldungspflicht des Mieters festgehalten sowie die künftige Miethöhe. Auch Gewährleistungsrechte und Aufwendungsersatzansprüche des Mieters können einvernehmlich geregelt werden.

Die Modernisierungsmieterhöhung

Nach einer Modernisierungsmaßnahme kann der Vermieter nach §§ 559 ff. BGB eine Modernisierungsmieterhöhung geltend machen. Der Vermieter kann nach § 559 Abs. 1 BGB die jährliche Miete um 11% der Modernisierungskosten auf den Mieter umlegen. Eine solche Mieterhöhung ist möglich, wenn
- durch die Maßnahme Endenergie nachhaltig eingespart wird,
- der Wasserverbrauch dadurch nachhaltig reduziert wird,
- der Gebrauchswert der Mietsache nachhaltig erhöht wird,
- die allgemeinen Wohnverhältnisse auf Dauer verbessert werden,
- die Maßnahmen aufgrund von Umständen durchgeführt werden, die der Vermieter nicht zu vertreten hat und die keine Erhaltungsmaßnahmen sind (§ 555b BGB).

Handelt es sich um eine Modernisierung, kann der Vermieter 11% der aufgewendeten Kosten langfristig dem Mieter auferlegen. Die Finanzierungskosten gehören allerdings nicht dazu. Auch zinslose Darlehen müssen angerechnet werden. Enthält die Modernisierungsmaßnahme Reparaturen, müssen diese aus den Kosten herausgerechnet werden. Der Vermieter muss darlegen, welche Arbeiten zur Instandsetzung gehören – die nicht umlagefähig sind – und welche zur Modernisierung. Die Kosten für Erhaltungsmaßnahmen dürfen durch Schätzung ermittelt werden.

Die erhöhte Miete kann auch dann verlangt werden, wenn sie die ortsübliche Vergleichsmiete übersteigt. Sie kann auch unabhängig von einer zuvor erfolgten normalen Mieterhöhung verlangt werden. Insofern muss auch die Jahresfrist nicht eingehalten werden.

Der Mieter schuldet die erhöhte Miete mit Beginn des dritten Monats nach dem Zugang der Erklärung (§ 559b Abs. 2 Satz 1 BGB).

> **Achtung**
> Hat der Vermieter die Mieterhöhung nicht ordnungsgemäß angekündigt oder übersteigt die tatsächliche Mieterhöhung die angekündigte um mehr als 10 %, verlängert sich die Frist um sechs Monate.

Ausnahmen
Wurde im Mietvertrag eine Staffelmietvereinbarung getroffen, ist eine Erhöhung nach §§ 558 bis 559b BGB ausgeschlossen. Im Klartext: Wer vorhat, die Wohnung zu modernisieren, sollte im Mietvertrag keine Staffelmiete vereinbaren.

Dies gilt ebenfalls für die Vereinbarung einer Indexmiete. Eine Modernisierungsmieterhöhung ist hier nur möglich, soweit der Vermieter bauliche Maßnahmen aufgrund von Umständen durchgeführt hat, die er nicht zu vertreten hat. Im Klartext: Die Kosten für den Einbau von Rauchwarnmeldern, der gesetzlich vorgeschrieben ist, könnte der Vermieter per Modernisierungsmieterhöhung auf den Mieter umlegen – die Kosten für freiwillige Modernisierungen, wie zum Beispiel die Dämmung der Fassade oder den Einbau neuer Fenster, jedoch nicht.

10.5 Wenn Probleme mit Schimmel auftreten

Schimmel und Feuchtigkeitsschäden treten vor allem im Herbst und Winter auf und können zu Streit zwischen Vermieter und Mieter führen. Schimmel in der Mietwohnung ist nicht nur gefährlich, da äußerst gesundheitsschädlich, er kann auch teuer für den Vermieter werden, wenn der Mieter die Miete mindert, Schadensersatz fordert oder fristlos kündigt. Dabei ist es oft nicht leicht festzustellen, woher der Schimmel kommt und wer für die Beseitigung sorgen muss. Diese Frage können oft nur Sachverständige klären.

Wie die Beweisverteilung zwischen Vermieter und Mieter aussieht, haben die Gerichte klargestellt: Hat der Mieter seinem Vermieter den Mangel »Feuchtigkeit« oder »Schimmel« angezeigt, ist es dessen Aufgabe darzulegen, dass das Gebäude keine baulichen Mängel aufweist, die Schäden also nicht aufgrund von außen eindringender oder im Mauerwerk aufsteigender Feuchtigkeit verursacht wurden. Der Vermieter muss auch – bezogen auf den Stand der Technik zur Bauzeit – den Nachweis erbringen, dass das Gebäude frei von wärmetechnischen Baumängeln ist. Ein starkes Indiz dafür wäre, wenn der Vermieter darlegen kann, dass es zum Beispiel bisher nie Schimmel in der Wohnung gegeben hat – und auch nicht in den umliegenden Wohnungen. Hat der Vermieter diesen Beweis erbracht, muss der Mieter darlegen, dass er die Wohnung ordnungsgemäß beheizt und regelmäßig gelüftet hat. Kommt es zu keinem Konsens, beauftragt der Vermieter meist einen Sachverständigen, der die Feuchtigkeit misst und die Schadensursache ermittelt. Lässt der Vermieter in der Mietwohnung eine Klimamessung durchführen, steht dem Mieter gegen den Vermieter aber weder ein Anspruch auf die Daten noch ein Auskunftsanspruch über die Ergebnisse der vom Vermieter auf seine Kosten durchgeführten Klimamessung zu (Amtsgericht Bad Segeberg, Urteil vom 7.6.2012, 17 C 21/12). Allerdings entschied das Landgericht Hamburg (Urteil vom 19.3.2014, 307 S 151/13), dass dann, wenn keine Schadstellen an der Außenwand des Gebäudes vorliegen und alle Fensterelemente in einem konstruktiv ordnungsgemäßen Einbauzustand sind, allein falsches Heiz- und Lüftungsverhalten des Mieters als Schadensursache anzusehen sei. Ganz so einfach ist es jedoch nicht. Denn was ist richtiges Heizen und Lüften, welches Verhalten ist Mietern zumutbar?

Wie oft und wie lang der Mieter lüften muss, haben die Gerichte immer wieder entschieden: Ohne konkreten Hinweis des Vermieters sei der Mieter nur zu einem zweimaligen – morgens und abends – Stoß- oder Querlüften für jeweils zehn Minuten verpflichtet, entschied das Landgericht Gießen (Urteil vom 2.4.2014, 1 S 199/13). Etwas anderes ergebe sich nur aus der besonderen Nutzung der Wohnung, etwa wenn ein Raum zum Wäschetrocknen verwendet wird. Der Mieter sei auch grundsätzlich nicht dazu verpflichtet, zwischen Außenwand und Möbeln einen Abstand von mindestens zehn Zentimetern einzuhalten. Dies gelte selbst dann, wenn ein geringerer Abstand eine Schimmelbildung fördere, es sei denn, der Vermieter hat den Mieter auf die drohende Feuchtigkeit an bestimmten Stellen hingewiesen. Drei- bis viermaliges tägliches Querlüften hielt das Landgericht Frankfurt/Main mit Urteil vom 16.1.2015 (2-17 S 51/14) für angemessen. Dies sei auch einem berufstätigen Mieter zumutbar. So könne morgens vor Verlassen der Wohnung ein- bis zweimal gelüftet werden, dann nach Rückkehr von der Arbeit sowie am Abend. Das vorübergehende Kippen der Fenster sei aber nicht ausreichend. Während der Abwesenheit der Bewohner muss nicht gelüftet werden, da in dieser Zeit weder geduscht noch gekocht noch gewaschen und somit keine neue Feuchtigkeit verursacht wird. Daneben muss der Mieter auch auf eine ausreichende Beheizung der Wohnung achten: Die Zimmertemperatur sollte mindestens 20 Grad Celsius betragen, im Schlafzimmer sollten es mindestens 16 Grad Celsius sein.

Wenn Probleme mit Schimmel auftreten 10

Neuer Fenster als Ursache von Schimmelbildung
Nach dem Austausch von alten und meist undichten Fenstern gegen moderne, dicht schließende Fenster kommt es häufig zu Feuchtigkeits- und Schimmelschäden. Deshalb muss der Mieter in solchen Fällen sein Heiz- und Lüftungsverhalten ändern. Allerdings ist es Sache des Vermieters, den Mieter nach dem Einbau der neuen, dicht schließenden Fenster auf die neuen Anforderungen an sein Heiz- und Lüftungsverhalten hinzuweisen. Andernfalls können dem Mieter später auftretende Feuchtigkeitsschäden nicht angelastet werden. Der Mieter sei nicht verpflichtet, selbstständig Überlegungen zu einem notwendig gewordenen veränderten Lüftungsverhalten anzustellen, entschied auch das Landgericht München I (Urteil vom 8.3.2007, 31 S 14459/06).

Kommt es zu Schimmel in der Wohnung, kann der Mieter bis zur Beseitigung des Schadens Mietminderung verlangen. In dem vom Landgericht Gießen entschiedenen Fall hatte der Vermieter dicht schließende Fenster eingebaut. Nur durch ein häufigeres Lüften sei der Schimmelbefall vermeidbar gewesen. Darüber hätte die Vermieterin ihre Mieter aufklären müssen. Es sei Sache des Vermieters, nach dem Einbau von Isolierglasfenstern die notwendigen Vorkehrungen gegen Feuchtigkeit zu treffen. Wegen des fehlenden Hinweises habe der Schimmelbefall im Verantwortungsbereich der Vermieterin gelegen. Die Mieterin durfte daher die Miete um 15% mindern. Vermieter sollten bei Beginn des Mietverhältnisses oder spätestens nach dem Einbau neuer Fenster dem Mieter ein Informationsblatt zum richtigen Heizen und Lüften geben und sich den Empfang gegenzeichnen lassen.

Auch das Landgericht Bochum entschied am 19. Juli 2016 zugunsten des Mieters: Diesem könne keine Pflichtverletzung durch ein falsches Lüftungsverhalten vorgeworfen werden, wenn er weder wusste noch wissen musste, dass zur Vermeidung eines Schimmelbefalls aus sachverständiger Sicht besondere, nicht allgemein übliche Lüftungsmaßnahmen, wie zum Beispiel das Offenhalten der Schlafzimmertür während der Nacht, erforderlich gewesen wären (I-11 S 33/16).

Da Schimmel gesundheitsschädlich ist, kann der Mieter nicht nur die Miete mindern, sondern auch unter Umständen das Mietverhältnis fristlos kündigen. Die Kündigung ist allerdings nur zulässig, wenn der Mieter zuvor dem Vermieter eine angemessene Frist zur Abhilfe gesetzt hat. Hat der Vermieter den Schimmel beseitigt, muss der Mieter den Mangel, wenn er ein zweites Mal auftritt, dem Vermieter erneut anzeigen.

Statt pauschale Handlungsanweisungen zu geben, kann der Vermieter die Wohnung auch mit sogenannten Hygrometern ausstatten, die die Feuchtigkeit messen. Der Mieter kann damit sein Heiz- und Lüftungsverhalten kontrollieren. Die Pflicht des Mieters, eine Ausstattung mit solchen Geräten zumindest zur Feststellung der Ursachen für Feuchtigkeitsschäden zu dulden, stellt keine unangemessene Benachteiligung dar, entschied das Landgericht Augsburg (Beschluss vom 17.12.2004, 7 S 3173/04).

10.6 Kleinreparaturen im Mietverhältnis

Mietverträge können viele Fallstricke enthalten. Benachteiligt eine Klausel den Mieter unangemessen, kann sich der Vermieter nicht mehr auf ihre Geltung berufen. In den letzten Jahren hat der Bundesgerichtshof zahlreiche Klauseln kassiert, die dem Mieter Pflichten auferlegten, die eigentlich Pflichten des Vermieters sind. Vor allem der Versuch, vom Mieter zu verlangen, die Mietwohnung auf eigene Kosten in Schuss zu halten, ging oft daneben. Denn die Erhaltung der Mietsache zum ordnungsgemäßen Gebrauch ist grundsätzlich Sache des Vermieters. Er muss die Wohnung in dem Zustand erhalten, in dem sie sich bei Einzug des Mieters befand. Geht deshalb eine Sache durch normalen Verschleiß kaputt, muss sie der Vermieter reparieren. Eine Ausnahme gilt nur dann, wenn der Mieter den Schaden selber schuldhaft verursacht oder wenn er die Gegenstände selber eingebaut hat. Dann muss der Mieter auch die Kosten für Wartung und Reparaturen selber tragen, es sei denn, der Mietvertrag enthält dazu eine andere Regelung.

Von diesem Grundsatz der Erhaltungspflicht des Vermieters gibt es allerdings eine weitere Ausnahme: Beide Seiten können im Mietvertrag vereinbaren, dass der Mieter die Reparaturkosten für sogenannte Bagatellschäden beziehungsweise Kleinreparaturen übernimmt. Allerdings ist dies nur wirksam, wenn es sich um die Reparatur einer Sache handelt, die dem häufigen und unmittelbaren Zugriff des Mieters unterliegt. Grund für diese Ausnahme: Der Mieter kann Verschleiß- und Alterungserscheinungen durch seinen schonenden Umgang mit der Mietsache hinauszögern. Die Klausel darf sich daher beispielsweise auf Installationsgegenstände wie Wasserhähne, Ventile, Steckdosen oder Lichtschalter beziehen, nicht aber auf im Mauerwerk verlegte elektrische Leitungen. Betroffen sind Reparaturen an Gegenständen für Elektrizität, Wasser und Gas, Heiz- und Kocheinrichtungen, an Fenster- und Türverschlüssen sowie Verschlussvorrichtungen von Fensterläden. Zahlreiche Urteile haben festgelegt, was alles zu den Kleinreparaturen zählt und was nicht. Hier kann es leicht zum Streit zwischen den Vermieter und Mieter kommen.

Das Risiko des Verschleißes für bestimmte Teile der Mietsache darf aber nur dann auf den Mieter verlagert werden, wenn die Regelung eine betragsmäßige Begrenzung im Mietvertrag vorsieht. Für die einzelne Reparatur hat der Bundesgerichtshof in einer Entscheidung vom 7. Juni 1989 (VIII ZR 91/88) einen Betrag von 100 DM (ca. 50 Euro), in einem Urteil vom 6. Mai 1992 (VIII ZR 129/91) von 150 DM (ca. 75 Euro) genannt. Andere Gerichte entschieden, dass 100 Euro pro Kleinreparatur in Ordnung wären (Amtsgericht Bingen/Rhein, Urteil vom 4.4.2013, 25 C 19/13). Unter Berücksichtigung der Preisentwicklung ist derzeit eine Höchstgrenze von bis zu 125 Euro vertretbar. Allerdings muss der Mieter die Kosten nur dann erstatten, wenn die Rechnung inklusive Anfahrtskosten und Mehrwertsteuer diesen Betrag nicht übersteigt. Liegt sie darüber, bleibt sie beim Vermieter. Es findet dann auch keine Kostenaufteilung zwischen Vermieter und Mieter statt. Kostet die Reparatur eines defekten Türgriffs also beispielsweise 50 Euro und steht im Vertrag, der Mieter müsse Rechnungen bis 75 Euro begleichen, muss er die Rechnung über 50 Euro bezahlen. Weist die Handwerkerrechnung dagegen einen Betrag von 100 Euro aus, bleibt die gesamte Rechnung beim Vermieter.

Da sich besonders bei einer älteren Wohnung die Reparaturen häufen können, darf die Summe aller Kleinreparaturen eines Jahres einen bestimmten Betrag nicht übersteigen. Die Gesamtbelastung sollte daher auf 500 Euro pro Jahr beziehungsweise auf höchstens 8% der Jahresnettomiete begrenzt werden.

Dem Anspruch des Vermieters auf Erstattung der Kosten von Kleinreparaturen steht nach einem neuen Urteil des Amtsgerichts München aber nicht entgegen, dass der Vermieter mehrere Reparaturen an verschiedenen Gewerken durch einen Handwerker durchführen lässt und der Handwerker darüber eine Gesamtrechnung stellt, deren Endbetrag über der zulässigen Höchstgrenze liegt. Erreichen die Beträge für die einzelne Reparatur nicht die zulässige Höchstgrenze für Kleinreparaturen, ist es unschädlich, wenn die Rechnung über sämtliche Arbeiten einen über dieser Grenze liegenden Betrag aufweist. Dem Vermieter müsse eine gleichzeitige, das heißt kostensparende Ausführung von mehreren Reparaturarbeiten überlassen bleiben, so das Gericht (Amtsgericht München, Urteil vom 25.2.2015, 425 C 18161/14).

Grundsätzlich kann der Vermieter von seinem Mieter aber nur Kostenersatz für die Reparatur verlangen und nicht, dass dieser den Handwerker bestellt und bezahlt. Mieter dürfen Schäden auch nicht auf eigene Faust beseitigen lassen. Andernfalls können sie auf den Handwerkerkosten sitzen bleiben (BGH, Urteil vom 16.1.2008, VIII ZR 222/06).

10.7 Erhaltungspflichten des Nießbrauchsverpflichteten

Hat ein Immobilieneigentümer das Eigentum zu Lebzeiten auf einen Dritten übertragen und sich den Nießbrauch vorbehalten, kann der Schenker das Grundstück selbst bewohnen oder es vermieten. Gleichzeitig ist er zur ordnungsgemäßen Bewirtschaftung verpflichtet. Diese hat er auf seine Kosten vorzunehmen. Wichtig ist, dass im Überlassungsvertrag eindeutige Regelungen dazu enthalten sind. Es sollte also im Einzelfall die Frage geklärt werden, wer welche Erhaltungsaufwendungen zu tragen hat.

Zwischen dem Eigentümer und dem Nießbraucher besteht ein gesetzliches Schuldverhältnis, das den Nießbraucher verpflichtet, ordnungsgemäß zu wirtschaften, die Sache zu erhalten und sie zu versichern. Aus diesem Schuldverhältnis ergibt sich ein Anspruch auf die Vornahme der regelmäßigen oder vertraglich übernommenen Sanierungsmaßnahmen. Einen solchen Anspruch kann der Eigentümer auch gerichtlich durchsetzen, soweit er den Nachweis führt, dass die Maßnahme für den Substanzerhalt notwendig ist.

Die gesetzlichen Regelungen sehen vor, dass der Nießbraucher gemäß §1041 BGB für die Erhaltung der Sache in ihrem wirtschaftlichen Bestand zu sorgen hat. Ausbesserungen und Erneuerungen muss er durchführen, soweit sie zur gewöhnlichen Unterhaltung der Sache gehören. Zu einer gewöhnlichen Unterhaltung gehören solche Erhaltungsmaßnahmen, die bei ordnungsgemäßer Bewirtschaftung regelmäßig und wiederkehrend innerhalb kürzerer Zeitabstände zu erwarten sind. Hierunter fallen normale Verschleißreparaturen. Außergewöhnliche Maßnahmen, wie zum Beispiel die Erneuerung der Dacheindeckung, dürfen den Nießbraucher nicht belasten. Ob eine Maßnahme gewöhnlich oder außergewöhnlich ist, richtet sich danach, ob die Verkehrsanschauung diese Erhaltungsmaßnahmen regelmäßig erwartet. Nur wenn von einer Regelmäßigkeit ausgegangen werden kann, liegen vom Nießbraucher zu übernehmende Kosten vor.

Soweit es sich um eine vermietete Immobilie handelt, wird regelmäßig vereinbart, dass neben den gewöhnlichen auch die außergewöhnlichen Erhaltungsmaßnahmen vom Nießbraucher zu übernehmen sind.

11 Instandhaltung und Instandsetzung: Das sollten Wohnungseigentümer bei der Beauftragung von Handwerkern beachten

Was in der Wohnungseigentumsanlage passiert, entscheiden die Wohnungseigentümer. Sie haben das Recht auf Nutzung ihres Sondereigentums sowie des gemeinschaftlichen Eigentums. Dabei sind vor allem die in Teilungserklärung und Gemeinschaftsordnung festgelegten Gebrauchs- und Nutzungsregelungen zu beachten. Sie sind auch verpflichtet, das ihnen zugewiesene Sondereigentum so instand zu halten, dass keinem der anderen Wohnungseigentümer ein Nachteil entsteht.

Grundsätzlich hat jeder Wohnungseigentümer das Recht, an Verwaltungsmaßnahmen und -entscheidungen mitzuwirken. Hinsichtlich des Gemeinschaftseigentums steht jedem Wohnungseigentümer das Recht zum Mitgebrauch zu. Hinsichtlich seines Sondereigentums ist er alleiniger Eigentümer. Der Einzelne muss Einwirkungen auf sein Sondereigentum und das gemeinschaftliche Eigentum gestatten, soweit ihm dadurch keine Nachteile entstehen. Als Eigentümer trifft ihn eine Duldungspflicht, vor allem dann, wenn es um das Betreten und Benutzen von Gebäudeteilen geht, soweit dies zur Instandsetzung und Instandhaltung des Gemeinschaftseigentums erforderlich ist.

Jeder Wohnungseigentümer muss die Lasten des gemeinschaftlichen Eigentums sowie die Kosten der Instandhaltung und Instandsetzung, der sonstigen Verwaltung und des gemeinschaftlichen Gebrauchs des gemeinschaftlichen Eigentums tragen. Diese Lasten und Kosten übernimmt er jeweils entsprechend seinen im Grundbuch eingetragenen Miteigentumsanteilen, soweit die Wohnungseigentümer keine abweichende Regelung getroffen haben. Die Höhe des sogenannten Haus- oder Wohngeldes ergibt sich aus dem jährlich in der Versammlung beschlossenen Gesamt- und Einzelwirtschaftsplan.

11.1 Regelungen für das Sondereigentum

Grundsätzlich ist jeder Wohnungseigentümer verpflichtet, sämtliche Maßnahmen zur Instandhaltung und Instandsetzung seiner Wohnung selbst auf eigene Kosten durchzuführen. Er ist in seiner Entscheidung frei, wann er solche Maßnahmen ergreift. Die Wohnungseigentümergemeinschaft hat an den im Sondereigentum stehenden Gebäudeteilen kein Mitspracherecht. Allerdings darf ein Wohnungseigentümer von seinem Sondereigentum nur in solcher Weise Gebrauch machen, dass er dadurch keinem anderen Wohnungseigentümer einen Schaden zufügt. Keinem der anderen Wohnungseigentümer darf über das bei einem geordneten Zusammenleben unvermeidliche Maß hinaus ein Nachteil erwachsen (§ 14 Nr. 1 WEG).

Tauscht etwa ein Wohnungseigentümer den Teppichboden in der Wohnung gegen Parkett aus, muss das Parkett nur den Trittschallschutz gewährleisten, der dem ursprünglich festgelegten Schallschutzniveau des Gebäudes entspricht (OLG Brandenburg, 20.5.2010, 5 Wx 20/09). Der BGH bestätigte dies mit seiner Entscheidung vom 1.6.2012 (V ZR 195/11): Ein Wohnungseigentümer, der den Bodenbelag geändert hat, ist nicht verpflichtet, für einen verbesserten Schallschutz zu sorgen. Maßgeblich sind allein die zum Zeitpunkt der Errichtung der Wohnanlage geltenden Schallschutznormen.

Allerdings hat das OLG Düsseldorf entschieden, dass der Störer verpflichtet ist, den ursprünglichen Schallschutz wiederherzustellen, wenn die Veränderung des Bodenbelags zu Trittschallbelästigungen in der darunter liegenden Wohnung führt, die über das bei einem geordneten Zusammenleben unvermeidliche Maß hinausgehen (13.11.2007, 3 Wx 115/07).

Die Aufträge zur Instandhaltung des Sondereigentums muss jeder Wohnungseigentümer selbst erteilen und auch die Kosten dafür tragen. Die Wohnungseigentümergemeinschaft kann nicht durch Mehrheitsbeschluss Instandsetzungsmaßnahmen beschließen, die das Sondereigentum betreffen.

Kommt ein Wohnungseigentümer seiner Instandhaltungspflicht am Sondereigentum nicht nach, ist er den anderen Wohnungseigentümern oder der Wohnungseigentümergemeinschaft gegenüber zum Ersatz des Schadens verpflichtet, der sich aus der unterlassenen Instandhaltung seines Sondereigentums in einem anderen Sondereigentum oder im Gemeinschaftseigentum ergibt.

11.2 Regelungen für das Gemeinschaftseigentum

Gemäß § 21 Abs. 4 WEG hat jeder Wohnungseigentümer einen Anspruch auf ordnungsgemäße Verwaltung des Gemeinschaftseigentums. Nach § 21 Abs. 5 WEG gehört dazu auch die ordnungsgemäße Instandhaltung und Instandsetzung des gemeinschaftlichen Eigentums.

Instandhaltungsmaßnahmen dienen der Aufrechterhaltung des ursprünglichen Zustands und der Beseitigung von Abnutzungserscheinungen.

> **Beispiel**
> Beispiele für Instandhaltungsmaßnahmen: Pflege- und Vorsorgemaßnahmen, Reinigungsmaßnahmen, Wartungen und Inspektionen, Schönheitsreparaturen, kleinere Reparaturen

Mit Instandsetzungsmaßnahmen werden größere Schäden und Mängel beseitigt, die durch Alterung, Abnutzung, Unterlassung der laufenden Instandhaltung oder durch Einwirkung Dritter entstanden sind.

> **Beispiel**
> Beispiele für Instandsetzungsmaßnahmen: altersbedingte Reparaturen, Sanierungen, größere bauliche Maßnahmen, notwendige Erneuerungen

Ist über die Reparatur hinaus eine Anpassung an den Stand der Technik beabsichtigt, spricht man von einer modernisierenden Instandsetzung.

> **Beispiel**
> Beispiele für modernisierende Instandsetzung: Umstellung auf eine andere Heizungsart, Austausch von Holzfenstern durch Kunststofffenster mit Isolierverglasung, Anbringung einer Wärmedämmung bei einer Fassaden- oder Dachsanierung, Neueindeckung des Dachs mit hochwertigeren Dachziegeln

Handelt es sich dagegen um eine Modernisierung, also eine Maßnahme, die den Gebrauchswert der Anlage nachhaltig erhöht, die allgemeinen Wohnverhältnisse auf Dauer verbessert oder zur nachhaltigen Einsparungen von Energie oder Wasser führen, können die Wohnungseigentümer auch ohne konkreten Reparaturbedarf darüber entscheiden.

> **Beispiel**
> Beispiele für Modernisierung: Einbau einer Zentralheizung, Einbau eines Fahrstuhls, Einbau einer Gegensprechanlage, Einbau von Isolierglasfenstern oder Anbringen einer Wärmedämmung

Über die Durchführung von Instandsetzungs- und Sanierungsmaßnahmen entscheiden die Wohnungseigentümer in der Wohnungseigentümerversammlung. Welche Art von Beschluss notwendig ist, richtet sich nach der Art der Maßnahme. Über erforderliche Maßnahmen gemäß §21 Abs. 3 WEG entscheiden die Wohnungseigentümer durch Mehrheitsbeschluss. Die einfache Mehrheit bestimmt, ob und welche Arbeiten ausgeführt werden. Auch für eine modernisierende Instandsetzung reicht ein einfacher Mehrheitsbeschluss der Wohnungseigentümer. Für eine Modernisierung ist dagegen eine qualifizierte Mehrheit nötig: Dies sind drei Viertel aller stimmberechtigten Wohnungseigentümer, die gleichzeitig mehr als die Hälfte der Miteigentumsanteile halten.

11.2.1 Die Durchführung von Maßnahmen

Die Gemeinschaft hat einen Ermessensspielraum, ob und welche Maßnahmen sie zur Beseitigung von Schäden und Mängeln am Gemeinschaftseigentum ergreift. Es muss darauf geachtet werden, dass die geplante Maßnahme nicht die finanzielle Leistungsfähigkeit einzelner Wohnungseigentümer überfordert. Es ist aber auch möglich, dass trotz hoher finanzieller Belastung der Wohnungseigentümer angesichts einer fortschreitenden Verschlechterung des Bauzustands der Anlage Instandsetzungsmaßnahmen umgehend ergriffen werden müssen.

Nach § 27 Abs. 1 Nr. 2 WEG ist der Verwalter berechtigt und verpflichtet, die für die ordnungsgemäße Instandhaltung und Instandsetzung des gemeinschaftlichen Eigentums erforderlichen Maßnahmen zu treffen. Er muss sich darum kümmern, dass die Wohnungseigentümer die entsprechenden Beschlüsse über das weitere Vorgehen fassen. Verletzt er diese Pflichten, haftet er den Wohnungseigentümern für daraus entstehende Schäden.

> **Beispiel**
>
> Ein Verwalter lehnte es bei einer im Sondereigentum aufgetretenen Feuchtigkeit und Schimmelbildung ab, der Ursache nachzugehen, obwohl es nicht auszuschließen war, dass der Mangel seine Ursache im Gemeinschaftseigentum hatte. Später stellte sich heraus, dass die Ursache ein Mangel im Gemeinschaftseigentum war. Deshalb hatte der Verwalter dem geschädigten Eigentümer den entstandenen Schaden zu ersetzen (Landgericht München I, Urteil vom 15.10.2012, 1 S 26801/11).

Den Verwalter trifft auch die Pflicht, das gemeinschaftliche Eigentum regelmäßig auf Baumängel zu überprüfen bzw. überprüfen zu lassen (Landgericht Hamburg, 10.4.2013, 318 S 91/12).

Ihn trifft ebenso die Pflicht, vor jedem Auftrag mehrere Angebote von Handwerkern einzuholen. Ein Beschluss über eine größere Instandsetzungsmaßnahme, der gefasst wurde, ohne dass den Eigentümern Konkurrenzangebote vorlagen, entspricht nicht ordnungsmäßiger Verwaltung und ist daher anfechtbar.

Jeder einzelne Wohnungseigentümer kann auch von den anderen Wohnungseigentümern die Zustimmung zu erforderlichen Beschlüssen zur Instandhaltung des gemeinschaftlichen Eigentums verlangen. Kommt daher kein Mehrheitsbeschluss über eine notwendige Instandhaltungsmaßnahme zustande, weil sich die Mehrheit weigert, diese durchführen zu lassen, kann jeder einzelne Wohnungseigentümer die Durchführung der Maßnahme gerichtlich durchsetzen. Allerdings muss sich die Eigentümerversammlung mit der Maßnahme befasst haben, bevor sie gerichtlich eingeklagt wird (BGH, 15.1.2010, V ZR 114/09).

Keinen Ermessensspielraum haben die Wohnungseigentümer, wenn das Verschieben von Erhaltungsmaßnahmen angesichts des schlechten Bauzustands nicht mehr infrage kommt (Landgericht Hamburg, 10.4.2013, 318 S 91/12). Dies gilt insbesondere bei durch Feuchtigkeit bereits beschädigter Bausubstanz (Landgericht Hamburg, 12.11.2014, 318 S 74/14).

Lehnen die Eigentümer es ab, erforderliche Maßnahmen der Instandhaltung und Instandsetzung durchzuführen, können auch Schadensersatzansprüche geltend gemacht werden (OLG München, 18.2.2009, 32 Wx 120/08).

> **Beispiel**
> Ein einzelner Wohnungseigentümer hatte einen Schaden an seinem Sondereigentum erlitten, weil eine Beschlussfassung über die sofortige Vornahme von Instandsetzungsmaßnahmen unterblieben war. Die Verpflichtung zum Schadensersatz trifft dann nicht die Eigentümergemeinschaft, sondern diejenigen Wohnungseigentümer, die schuldhaft entweder untätig geblieben sind oder nicht für die erforderliche Maßnahme gestimmt beziehungsweise sich enthalten haben (BGH, 17.10.2014, V ZR 9/14).

Die einzelnen Wohnungseigentümer müssen auch das Betreten oder Benutzen ihres Sondereigentums dulden, damit die Instandhaltungs- oder Instandsetzungsarbeiten durchgeführt werden können. Entsteht dadurch ein Schaden, können sie ihn unabhängig von einem Verschulden der Gemeinschaft von ihr ersetzt verlangen.

11.2.2 Die Kostenverteilung

§ 16 Abs. 2 WEG sieht vor, dass jeder Wohnungseigentümer die Lasten des Gemeinschaftseigentums sowie die Kosten der Instandhaltung/Instandsetzung nach dem Verhältnis der Miteigentumsanteile zu tragen hat. Nach § 16 Abs. 4 WEG ist es jedoch möglich, für solche Maßnahmen abweichende Kostentragungsregeln zu vereinbaren. Voraussetzungen dafür sind:
- Es handelt sich um einen konkreten Einzelfall.
- Der abweichende Kostenverteilungsmaßstab trägt dem Gebrauch oder der Möglichkeit des Gebrauchs Rechnung.
- Die Wohnungseigentümer stimmen mit doppelt qualifizierter Mehrheit ab.

> **Beispiel**
> Die Kosten für die Sanierung der im Gemeinschaftseigentum stehenden Balkone werden nur auf die Eigentümer verteilt, deren Wohnungen auch Balkone haben (BGH, 15.1.2010, V ZR 114/09).

11.3 Mängel am Gemeinschaftseigentum

In der vermieteten Wohnung eines Wohnungseigentümers kam es zu einem Wasserschaden an der Wohnzimmerdecke. Eine erste Reparatur an einem Regenrohr brachte keinen Erfolg. Die Eigentümerversammlung beschloss die Instandsetzung unter Einschaltung eines Architekten und von Fachunternehmen. Trotz mehrerer Reparaturversuche kam es zu weiteren Wassereinbrüchen, bis man einen Konstruktionsfehler an dem Tür-Fenster-Element in der über der Wohnung des Eigentümers liegenden Wohnung als Ursache des Mangels erkannte und diesen Fehler durch Austausch des Bauelements behob. Der Wohnungseigentümer verlangte nun von der Eigentümergemeinschaft Ersatz für Mietminderungen und Ausfälle durch den Auszug der Mieterin und Ersatz der Kosten für die Instandsetzung seiner Wohnung.

Die Klage wurde abgewiesen. Die Begründung: Ein verschuldensabhängiger Ersatzanspruch bestehe nicht, weil die Wasserschäden auf einen Konstruktionsmangel am Gemeinschaftseigentum beruhten, an dem die Gemeinschaft kein Verschulden treffen würde. Ein nachbarrechtlicher Ausgleichsanspruch in entsprechender Anwendung von § 906 Abs. 2 Satz 2 BGB steht dem Sondereigentümer nicht zu (BGH, Urteil vom 21.5.2010, V ZR 10/10).

Dies liegt daran, dass die Interessenlage innerhalb einer Wohnungseigentümergemeinschaft sich von derjenigen zwischen Grundstücksnachbarn unterscheidet. Grundstückseigentümer bestimmen selbstständig, wie sie ihre Grundstücke nutzen, ohne dass der Nachbar darauf Einfluss hat. Unter Wohnungseigentümern ist dies in Bezug auf die vom gemeinschaftlichen Eigentum ausgehenden Störungen anders, denn jeder Wohnungseigentümer hat über seinen Miteigentumsanteil Einfluss auf dessen Nutzung und damit auch auf die Störungsquelle. Wohnungseigentümer sind deshalb in Bezug auf die von dem gemeinschaftlichen Eigentum ausgehenden Störungen weniger schutzwürdig als Grundstückseigentümer gegenüber den von einem Nachbargrundstück ausgehenden Einwirkungen.

Es gibt deshalb keinen verschuldensunabhängigen Schadensersatzanspruch eines Sondereigentümers gegenüber seinen Miteigentümern oder der Wohnungseigentümergemeinschaft. Nur bei Verschulden der restlichen Miteigentümer, die die zur Behebung des Schadens im gemeinschaftlichen Eigentum erforderlichen Beschlüsse trotz nachweislicher Aufforderung ablehnen, oder für den Fall, dass der Verwalter bei Schadensanzeigen untätig bleibt, ist ein Schadensersatzanspruch denkbar. Ersatzfähig ist dabei jedoch nur der durch die Untätigkeit entstandene weitere Schaden im Sondereigentum und nicht der bereits ursprünglich vorhandene Schaden. Voraussetzung für einen Schadensersatzanspruch ist aber immer ein Verschulden der in Anspruch genommenen Wohnungseigentümer (OLG München, Beschluss vom 18.2.2009, 32 Wx 120/08).

11.4 Mängel am Sondereigentum

Wird die Nutzung des Sondereigentums aber durch rechtswidrige Einwirkungen beeinträchtigt, die von im Sondereigentum eines anderen Wohnungseigentümers stehenden Räumen ausgehen, kann dem betroffenen Wohnungseigentümer ein nachbarrechtlicher Ausgleichsanspruch zustehen. Dies gilt auch im Verhältnis von Mietern solcher Räume. Dies hat der BGH entschieden (Urteil vom 25.10.2013, V ZR 230/12).

Dieses Urteil hat erhebliche praktische Auswirkungen. Stammt der Schaden aus dem Bereich des Sondereigentums, zum Beispiel Schäden an einer Waschmaschine, Spülmaschine, Fliesenfugen usw., können Ansprüche direkt gegen den Eigentümer der entsprechenden Wohnung gerichtet werden. Hierbei können die Ansprüche des Mieters für sein beschädigtes Inventar sowie die des Eigentümers für die beschädigte Wohnung geltend gemacht werden. Der betroffene Eigentümer kann auch einen Schaden ersetzt verlangen, der auf eine auf den Wasserschaden zurückzuführende Mietminderung seines eigenen Mieters zurückzuführen ist.

12 Wenn der Nachbar Handwerker bestellt

Baut der Nachbar auf dem Grundstück nebenan, haftet er für alle Schäden, die durch die Bauarbeiten auf dem Nachbargrundstück entstehen. Im Gegenzug muss man zustimmen, wenn Handwerker für die Arbeiten das eigene Grundstück betreten müssen.

Entstehen am eigenen Haus Schäden, weil der Bauunternehmer auf dem Nachbargrundstück notwendige Sicherheitsvorkehrungen nicht getroffen hat, haftet dieser nach § 823 Abs. 1 BGB für alle Schäden. Wird das alte Haus samt Kellergeschoss abgerissen, haben die am Bau Beteiligten nach § 909 BGB durch entsprechende technische Sicherungsmaßnahmen dafür zu sorgen, dass das Nachbarhaus nicht die notwendige Stütze verliert, also seine Standfestigkeit nicht beeinträchtigt wird. Andernfalls hat der geschädigte Nachbar einen Schadensersatzanspruch gegen den Grundstücksnachbarn. Ebenfalls unter Umständen in der Haftung sind Architekt, Bauingenieur, Bauunternehmer und Statiker. Besondere Sorgfaltspflichten gelten zum Beispiel für die Standfestigkeit eines Nachbarhauses, wenn dieses in Anbetracht seines Alters, durch Kriegseinwirkung oder durch schlechte Bodenverhältnisse besonders beeinträchtigt ist. Es reicht der Nachweis, dass die Schäden in einem engen, zeitlichen und räumlichen Zusammenhang mit den Ausschachtungs- und Gründungsarbeiten auftraten. Einfacher ist die Beweislage, wenn bei den Ausschachtungs-, Gründungs- oder Unterfangarbeiten eindeutig gegen die einschlägigen DIN-Vorschriften verstoßen wurde. Hier muss dann der Verantwortliche darlegen und beweisen, dass die Schäden am Nachbargrundstück nicht auf die Verletzung der DIN-Vorschriften zurückzuführen sind.

> **Tipp**
> Noch bevor die Baumaßnahmen auf dem Nachbargrundstück beginnen, sollte man den baulichen Zustand des eigenen Hauses festhalten, am besten, indem man Fotos macht. Falls dann später zum Beispiel Risse auftreten, lässt sich nachweisen, dass diese durch die Bautätigkeit auf dem Nachbargrundstück entstanden sind.

> **Beispiel**
> Ein Bauherr hatte einen Generalunternehmer mit dem Errichten eines Gebäudes mit Tiefgarage beauftragt. Der Nachbar meldete während des Baugeschehens neue Risse an seinem Mietshaus an. Nach Beendigung der Baumaßnahmen klagte er die Kosten der Risssanierung ein. Der Bauherr machte jedoch geltend, dass die Risse auch andere Ursachen als die Bauarbeiten haben könnten.

Das Gericht gab dem geschädigten Nachbarn recht. Zwar habe der Bauherr mit der Beauftragung eines sorgfältig ausgewählten Generalunternehmers alles ihm Mögliche getan, die von seinem Bauvorhaben ausgehenden Gefahren für das Nachbargrundstück zu minimieren. Dennoch hafte er im Rahmen eines nachbarrechtlichen Entschädigungsanspruchs. Dieser besteht, wenn die Nutzung eines Grundstücks auf ein anderes Grundstück so einwirkt, dass das Maß einer hinzunehmenden Beeinträchtigung überschritten wird, und wenn der Eigentümer gehindert war, diese Einwirkung rechtzeitig zu unterbinden. Für die Bauarbeiten als Ursache für die Rissbildung sprechen der Anscheinsbeweis und der enge zeitliche Zusammenhang zu ihrem Auftreten. Dabei reicht eine Mitursächlichkeit der Bauarbeiten für die vorhandenen Risse aus. Einen solchen Anscheinsbeweis kann der Bauherr nur durch konkrete Tatsachen widerlegen. Das war ihm nicht gelungen (Kammergericht Berlin, Urteil vom 18.10.2012, 22 U 226/09).

! Tipp

Der geschädigte Eigentümer muss aufpassen, dass er den richtigen Gegner verklagt. Ansprüche gegen die bauausführende Firma stehen dem Geschädigten nur dann zu, wenn die Firma die Risse schuldhaft verursacht hat. Ein solches Verschulden liegt beispielsweise nicht vor, wenn das Unternehmern bei den Bauarbeiten die geltenden DIN-Normen eingehalten hat. Wegen des Risikos, dass der Nachweis eines Verschuldens gegenüber der bauausführenden Firma nicht gelingt, sollte der Geschädigte deshalb auch den benachbarten Eigentümer in Anspruch nehmen.

12.1 Das Hammerschlags- und Leiterrecht

Das Problem taucht überall dort auf, wo Nachbargrundstücke aneinanderstoßen: Wand an Wand, Garage an Garage oder ein Gartenhaus auf der Grenze. Wenn der Zahn der Zeit seine Spuren hinterlässt, muss manches erneuert, repariert oder gestrichen werden. Dann kann es notwendig werden, das Grundstück des Nachbarn zu betreten, um am eigenen Gebäude Reparaturarbeiten vornehmen zu können. Das Hammerschlags- und Leiterrecht, das jeweils in den Nachbarrechtsgesetzen der einzelnen Bundesländer geregelt ist, sieht vor, dass der bauende Nachbar dafür das Nachbargrundstück betreten darf. Wer solche Maßnahmen plant, sollte zunächst die rechtliche Situation prüfen. Zwar ist das Hammerschlags- und Leiterrecht in den jeweiligen Bundesländern ähnlich, in den Details gibt es allerdings Unterschiede. Allen Gesetzen ist gleich, dass es Eigentümer und Nutzungsberechtigte dulden müssen, dass ihr Grundstück vom Nachbarn betreten und benutzt wird, wenn die Arbeiten anders nicht zweckmäßig oder nur mit hohen Kosten ausgeführt werden können.

Damit er die Arbeiten durchführen kann, darf der Bauherr auf dem Nachbargrundstück Leitern und Gerüste aufstellen sowie Baumaterialien und Baugeräte über das Nachbargrundstück transportieren. Für den An- und Abtransport darf er auch gegebenenfalls das Nachbargrundstück mit Fahrzeugen befahren. Die Vorschriften mancher Bundesländer sehen sogar vor, dass der Bauherr während der Bauarbeiten Materialien auf dem Nachbargrundstück lagern sowie Baumaschinen dort abstellen darf.

> **Beispiel**
>
> In einem vom Oberlandesgericht Düsseldorf entschiedenen Fall baumelte ein Zementmischer über dem Nachbarhaus. Die Nachbarn konnten sich wehren: Sie konnten vom Bauherrn verlangen, dass er den Kran in Ruhestellung anders ausrichtet. Passiere das nicht, könne man eine Unterlassungsklage in Erwägung ziehen und gegebenenfalls auch einen Antrag auf einstweilige Verfügung stellen (OLG Düsseldorf, Urteil vom 26.2.2007, I-9 W 105/06). Grundsätzlich gilt: Schwenkt der Kran ohne Ladung über das Nachbargrundstück, kann dies in der Regel nicht untersagt werden. Die Häufigkeit hat keine Bedeutung. Werden jedoch andauernd schwere Lasten über das Nachbargrundstück transportiert, sieht die Sache anders aus: Allein die Besorgnis, dass etwas herunterfallen könnte, begründet schon eine Besitzstörung des Grundstücks, gegen die der Nachbar einen Abwehranspruch hat. Dazu muss nicht unbedingt eine konkrete Gefahr vorliegen – ob der Kran also TÜV hat, spielt keine Rolle.

Schonende Ausübung des Rechts
Allerdings muss der Bauherr immer dafür sorgen, dass sich die Belastungen für seinen Nachbarn in Grenzen halten. Das Recht muss so schonend wie möglich ausgeübt werden. So muss etwa auf die Pflanzzeiten auf dem Nachbargrundstück Rücksicht genommen werden, Schäden müssen in jedem Fall vermieden werden. Die Arbeiten dürfen auch nicht zur Unzeit, also nicht am Abend oder am Wochenende durchgeführt werden. Sie sollten zügig erfolgen, damit die Nachbarn nicht übermäßig beansprucht werden. Bei verfeindeten Nachbarn kann es sogar zur schonenden Ausführung gehören, dass das Recht nicht persönlich, sondern durch einen Dritten ausgeübt wird (Amtsgericht Ludwigsburg, Urteil vom 3.2.2010, 1 C 2138/09). Entstehen dem Nachbarn durch die Bauarbeiten Schäden, wie ein zertrampeltes Blumen- oder Gemüsebeet, müssen sie ersetzt werden. Dies gilt auch für Mietausfälle des Nachbarn wegen berechtigter Mietkürzungen seines Mieters. Der duldungspflichtige Nachbar kann deshalb vom bauenden Nachbarn eine Sicherheit zum Beispiel in Form einer Bankbürgschaft verlangen. Eher symbolischen Charakter hat der Anspruch des duldenden Nachbarn auf eine Nutzungsentschädigung, wenn die Arbeiten länger als eine Woche dauern. Der Eigentümer kann dann für die gesamte Zeit eine Entschädigung in Höhe der ortsüblichen Miete für einen dem benutzten Grundstücksteil vergleichbaren gewerblichen Lagerplatz verlangen.

Folgende Voraussetzungen fordern die Gerichte: Die bauliche Anlage wie Grenzmauer, Gartenhaus oder Garage, die repariert oder instand gehalten werden sollen, muss baurechtlich zulässig sein. Außerdem dürfen die beabsichtigten Arbeiten anders überhaupt nicht oder nur mit unverhältnismäßig hohen Kosten durchzuführen sein. Schließlich dürfen die Nachteile und Belästigungen für den Nachbarn nicht unverhältnismäßig sein.

Der Berechtigte muss sein Vorhaben dem betroffenen Nachbarn vorher anzeigen. Die Landesgesetze schreiben für die Anzeige unterschiedliche Fristen vor: zwei Wochen vor Beginn der geplanten Arbeiten in Baden-Württemberg, Hamburg, Hessen, Rheinland-Pfalz, Saarland und Thüringen. In anderen Bundesländern kann die Anzeigefrist einen oder sogar mindestens zwei Monate betragen. In Bayern müssen die geplanten Arbeiten dem Nachbarn mindestens einen Monat im Voraus angezeigt werden. Die Anzeige des Bauherrn muss immer so exakt wie möglich sein, fordert der Bundesgerichtshof (BGH, Urteil vom 14.12.2012, V ZR 49/12), und die durchzuführenden Arbeiten, ihren Umfang und damit auch die erwartete Belastung des Nachbargrundstücks sowie ihre Dauer benennen. Auf dieser Grundlage könne der Belastete prüfen, ob die Voraussetzungen der Inanspruchnahme des Hammerschlags- und Leiterrechts durch den Bauherrn vorliegen. Zudem stellte der BGH heraus, dass die Anzeige der Bauarbeiten und der Inanspruchnahme des fremden Grundstücks nicht bereits eine Duldungspflicht des Belasteten beinhalte. Diese Anzeige sollte dem Nachbarn immer schriftlich vorgelegt werden.

Sind alle Voraussetzungen erfüllt, muss der Nachbar das Betreten und Benutzen seines Grundstücks erlauben. Dies gilt nicht nur für den Eigentümer, sondern auch für dessen Mieter oder Pächter. Verweigert der Nachbar den Zutritt, darf das Grundstück nicht gegen seinen Willen betreten werden. Der bauende Nachbar muss sein Recht dann vor Gericht durchsetzen.

12.2 Überbau durch Wärmedämmung

Wärmedämmende Maßnahmen an der Außenfassade können dazu führen, dass das Nachbargrundstück in Anspruch genommen wird. Nach früherer Rechtsprechung musste ein Nachbar den Überbau durch Wärmedämmung nicht dulden. Inzwischen sehen aber zahlreiche Landesgesetze vor, dass ein Nachbar den Überbau durch Wärmedämmung dulden muss. In Bayern wurde zum Beispiel eine Duldungsverpflichtung des Nachbarn nach Artikel 46a AGBGB ins Gesetz aufgenommen. Danach hat es der Eigentümer zu dulden, dass die auf einer vorhandenen Grenzmauer oder Kommunmauer nachträglich aufgebrachte Wärmedämmung auf sein Grundstück übergreift. Voraussetzung dafür ist, dass dadurch die Benutzung seines Grundstücks nicht oder nur geringfügig beeinträchtigt wird, die Bauteile öffentlich-rechtlichen Vorschriften entsprechen und eine vergleichbare Wärmedämmung auf andere Weise mit vertretbarem Aufwand nicht vorgenommen werden kann.

Der Eigentümer des Nachbargrundstücks muss die Inanspruchnahme seines Grundstücks aber nur dulden, soweit dies erforderlich ist. Die Duldungspflicht beschränkt sich auf eine Außendämmung, die die energetischen Anforderungen der EnEV einhält. Sie besteht nicht, wenn die Wärmedämmung über die Mindestanforderungen der EnEV hinausgeht (OLG Frankfurt a.M., Urteil vom 26.9.2012, 19 U 110/12).

13 Energieausweis erstellen lassen

Seit dem 1. Mai 2014 ist die EnEV 2014 in Kraft. Sie hat die Vorschriften rund um den Energieausweis verschärft. Die energetischen Eigenschaften von neuen und bestehenden Gebäuden sollen bei deren Verkauf oder Vermietung eine noch größere Rolle spielen. Anhand der Infos im Energieausweis sollen Eigentümer, Käufer und Mieter den künftigen Energieverbrauch und den Umfang von eventuell notwendigen Sanierungsmaßnahmen besser abschätzen können. Vermieter sollen durch den Ausweis motiviert werden, in moderne Heiztechnik und Dämmung zu investieren, um sich bei der Mietersuche einen Vorteil zu verschaffen. Der Energieausweis muss inzwischen unaufgefordert schon bei der Besichtigung vorgelegt werden. Schon vorab im Inserat muss über die Werte informiert werden, soweit ein Energieausweis zu diesem Zeitpunkt vorliegt.

Es gibt zwei Ausstellungsvarianten: den Bedarfsausweis und den Verbrauchsausweis. Für Neubauten werden immer Bedarfsausweise erstellt, da noch keine Verbräuche vorliegen. Gebäude mit bis zu vier Wohneinheiten, die nicht den Standard der ersten Wärmeschutzverordnung von 1977 erfüllen, brauchen ebenfalls einen Bedarfsausweis. Für alle anderen Gebäude besteht ein Wahlrecht. Energieausweise sind zehn Jahre lang gültig. Sie bewerten immer das ganze Gebäude, nicht einzelne Wohnungen.

Energieausweise werden von Architekten, Ingenieuren, Kaminkehrern oder Handwerksmeistern mit Zusatzqualifikation ausgestellt. Der Bundesverband Deutscher Energieberater e.V. (Bdeb) kann bei der Suche nach einem Fachmann weiterhelfen, ebenso die örtlichen Architekten- und Handwerkskammern. Grundsätzlich sollte man drei Vergleichsangebote einholen, bevor man sich für einen Aussteller entscheidet. Diesen sollte man vor der Beauftragung nach Preis und Leistung befragen.

Für den Verbrauchsausweis wird der Heizenergieverbrauch pro Quadratmeter Fläche anhand der letzten drei Jahresverbräuche ermittelt. Das Ergebnis hängt stark vom Nutzerverhalten ab. Dies ist die deutlich kostengünstigere Variante.

Für den Bedarfsausweis muss der energetische Zustand des Gebäudes festgestellt werden – das betrifft insbesondere die Wärmedämmwerte der einzelnen Bauteile wie Außenwände, Fenster, Keller- und Speicherdecken sowie die energetische Qualität der Heizungsanlage. Der Bedarfsausweis berechnet den Energiebedarf anhand des Zustands der Gebäudehülle und der Haustechnik bei durchschnittlichem Nutzerverhalten.

Der Bedarfsausweis kostet circa 600 Euro, einschließlich Mehrwertsteuer. Die Kosten hängen von der Größe der Immobilien ab. Bei Einfamilienhäusern kann der Preis auch günstiger sein und bei circa 300 Euro liegen. Bei großen Mehrfamilienhäusern oder teils gewerblich genutzten Gebäuden kann es aber auch sehr viel teurer werden.

Eigentümer, die gegen die Vorschriften der Energieeinsparverordnung verstoßen, zum Beispiel weil sie das Wohngebäude nicht gemäß den EnEV-Anforderungen errichtet haben, begehen eine Ordnungswidrigkeit, die mit Bußgeldern von bis zu 50.000 Euro geahndet wird. Es ist vorgesehen, dass die Behörden die Energieausweise stichprobenartig kontrollieren. Die Kontrollen sind bisher allerdings noch sehr selten.

Mieter und Käufer sollten auf die Endenergiezahl achten: Sie ermöglicht einen Vergleich der energetischen Qualität mit anderen Gebäuden. Sind die Energiekennzahlen niedrig, kann man auch mit niedrigen Energiekosten rechnen. Liegen sie bei 200 kWh/m2a, handelt es sich um kein energetisch gut modernisiertes Einfamilienhaus. Käufer sollten den Energieausweis und die Modernisierungsempfehlungen in ihre Kaufentscheidung mit einbeziehen. So können sie sich ein Bild von angeratenen Modernisierungen machen. Es kann sich deshalb lohnen, vor dem Kauf einen Energieberater hinzuziehen. Über den Energieausweis hinaus kann er Kosten und Nutzen unterschiedlicher Modernisierungsvarianten analysieren und über staatliche Fördermittel beraten. So kann der Käufer einschätzen, welche Kosten nach dem Kauf auf ihn zukommen.

14 Künftige Änderungen im Vertragsrecht

Nach dem neuen Gesetz zur Reform des Bauvertragsrechts und zur Änderung der kaufrechtlichen Mängelhaftung soll unter anderem das Werkvertragsrecht modernisiert und an die Anforderungen von Bauvorhaben angepasst werden. Die geplanten Neuregelungen stärken vor allem die Verbraucherrechte und geben dem Baurecht eine neue Struktur. Es werden spezielle Regelungen für den Bauvertrag, den Bauträgervertrag, den Verbraucherbauvertrag sowie den Architekten- und Ingenieurvertrag in das Werkvertragsrecht des Bürgerlichen Gesetzbuchs (BGB) eingefügt. Auch sieht der Gesetzesentwurf Änderungen in der kaufrechtlichen Mängelhaftung vor. Darüber hinaus sollen an Landgerichten und Oberlandesgerichten »Baukammern« eingerichtet werden. Diese werden mit Richtern besetzt, die sich auf Baurechtsstreitigkeiten spezialisiert haben. Hierdurch sollen Bauprozesse beschleunigt und die Rechtsprechungsqualität verbessert werden.

Die Neuregelungen treten zum 1. Januar 2018 in Kraft und gelten für alle Verträge, die ab dem 1. Januar 2018 geschlossen werden. Für bis zum 31. Dezember 2017 geschlossene Verträge wird weiter das bisherige Recht angewendet. Im Folgenden werden die wichtigsten Neuerungen vorgestellt.

14.1 Werkvertragsrecht

Im Werkvertragsrecht sind folgende Änderungen vorgesehen:
- Die aktuelle Vorschrift zu den Abschlagszahlungen §632a BGB soll modifiziert werden. Nach dem neu formulierten §632a BGB-E kann der Unternehmer vom Besteller eine Abschlagszahlung in Höhe des Wertes der von ihm erbrachten und nach dem Vertrag geschuldeten Leistungen verlangen. Die Höhe der Abschlagszahlung soll sich zukünftig also nicht mehr nach dem entsprechenden Wertzuwachs beim Besteller bemessen, sondern nach dem Wert der vom Unternehmer erbrachten und vertraglich geschuldeten Leistung.
- Sind die erbrachten Leistungen mangelhaft, kann der Besteller einen angemessenen Teil der Abschlagszahlung einbehalten. Dies ist in der Regel das Doppelte der Mängelbeseitigungskosten. Die Beweislast für die vertragsgemäße Leistung verbleibt bis zur Abnahme beim Unternehmer.
- Nach dem neu formulierten §640 BGB-E wird die Abnahme eines Werks als erfolgt fingiert, wenn der Unternehmer dem Besteller nach Fertigstellung des Werks eine angemessene Frist zur Abnahme gesetzt hat und der Besteller die Abnahme nicht innerhalb dieser Frist unter Angabe von Män-

geln verweigert hat. Dagegen wird die Abnahme nicht fingiert, wenn der Besteller nur einen Mangel nennt und die Abnahme verweigert. Bei Verbrauchern tritt die Abnahmefiktion nur dann ein, wenn der Unternehmer diese zusammen mit der Aufforderung zur Abnahme auf die Folgen einer nicht erklärten oder ohne Angabe von Mängeln verweigerten Abnahme hingewiesen hat. Der Hinweis muss in Textform, z. B. per E-Mail, erfolgen.

- Der neu eingeführte § 648a BGB-E räumt beiden Vertragsparteien für alle Werkverträge das Recht ein, einen Werkvertrag aus wichtigem Grund ohne Einhaltung einer Frist zu kündigen. Ein wichtiger Grund liegt vor, wenn dem kündigenden Teil unter Berücksichtigung aller Umstände des Einzelfalls und unter Abwägung der beiderseitigen Interessen die Fortsetzung des Vertrags bis zur Fertigstellung des Werks nicht zugemutet werden kann. Dies betrifft Fälle, in denen das Vertrauensverhältnis zwischen den Vertragsparteien derart zerstört ist, dass eine Fortsetzung des Vertrags unzumutbar ist. Die Kündigung kann hierbei auf einen abgrenzbaren Teil des geschuldeten Werks beschränkt werden. Der Unternehmer kann dann nur die Vergütung für den bis zur Kündigung erbrachten Teil des Werks verlangen. Daneben bleiben Schadensersatzansprüche bestehen. Hat beispielsweise der Bauherr den wichtigen Grund schuldhaft verursacht, kann der Bauunternehmer den ihm wegen der Kündigung entgangenen Gewinn als Schadensersatz geltend machen. Umgekehrt kann der Bauherr z. B. Mehrkosten für die Fertigstellung des Baus mit einem anderen Unternehmer als Schadenersatz verlangen, wenn der Unternehmer den wichtigen Grund schuldhaft herbeigeführt hat. Jede Vertragspartei kann nach der Kündigung von der anderen verlangen, dass sie an einer gemeinsamen Feststellung des Leistungsstandes mitwirkt. Die Feststellung des Leistungsstandes dient dazu, eine Grundlage für die Vergütungshöhe zu schaffen und einem späteren Streit über den Umfang der erbrachten Leistungen vorzubeugen. Die Parteien haben die Möglichkeit, einen Termin unter angemessener Fristsetzung auch einseitig zu bestimmen. Bleibt die andere Partei dem Termin fern, trägt sie die Beweislast für den Leistungsstand zum Zeitpunkt der Kündigung. Dies gilt nicht, wenn die Vertragspartei unverschuldet nicht erscheint und dies der anderen Vertragspartei unverzüglich mitgeteilt hat.

14.2 Bauvertrag §§ 650a–g BGB-E

Für den Bauvertrag gelten im Vergleich zum »einfachen« Werkvertrag ergänzend weitere Vorschriften.

Es handelt sich um folgende Neuerungen:
- Der Begriff des Bauvertrags wird in der Eingangsvorschrift des §650a BGB-E definiert. Danach handelt es sich bei einem Bauvertrag um einen Vertrag über die Herstellung, die Wiederherstellung, die Beseitigung oder den Umbau eines Bauwerks, einer Außenanlage oder eines Teils davon. Ein Vertrag über die Instandhaltung eines Bauwerks ist ein Bauvertrag, wenn das Werk für die Konstruktion, den Bestand oder den bestimmungsgemäßen Gebrauch von wesentlicher Bedeutung ist.
- Der neue §650b BGB-E enthält Regelungen für ein Anordnungsrecht des Bestellers bei Bauverträgen. Das bestehende Werkvertragsrecht wird dem auf eine längere Erfüllungszeit angelegten Bauvertrag und dem komplexen Baugeschehen oft nicht gerecht, insbesondere wenn der Bauherr seine Baupläne während der Bauzeit ändern will. Hierzu muss der Bauvertrag geändert werden. Dies ist nach dem bestehenden Recht nur einvernehmlich möglich. Nach dem neuen Gesetz können Bauherren unter bestimmten Voraussetzungen durch Anordnung der geänderten Leistung Abweichungen vom bisherigen Bauvertrag auch einseitig durchsetzen.
- Ergänzend zu den Regelungen für ein Anordnungsrecht des Bestellers enthält §650c BGB-E Vorgaben zur Berechnung der Mehr- oder Mindervergütung bei solchen Anordnungen.
- Da die jetzigen Vorschriften zur Sicherungshypothek des Bauunternehmers (§648 BGB) und zur Bauhandwerkersicherung (§648a BGB) ausschließlich Bauverträge betreffen, werden sie aus systematischen Gründen als §§650d und 650e BGB-E weitgehend unverändert in das Kapitel »Bauvertrag« übernommen.
- In §650g BGB-E wird ein generelles Schriftformerfordernis für die Kündigung von Bauverträgen eingeführt. Zur Einhaltung der Schriftform muss der Kündigende die Kündigungserklärung schriftlich abfassen und sie eigenhändig unterschreiben. Die Unterschrift muss unter dem Text der Kündigungserklärung stehen und diesen räumlich abschließen. Die Regelung soll die Bauvertragsparteien vor übereilten Kündigungen schützen, die mit erheblichen negativen Folgen verbunden sein können. Denn Bauherren können den Bauvertrag jederzeit kündigen, müssen dann aber an den Bauunternehmer die vereinbarte Vergütung abzüglich ersparter Aufwendungen und böswillig unterlassenen anderweitigen Erwerbs, also im Endeffekt den Gewinn aus dem Vertrag, zahlen.
- Der Werklohn eines Bauunternehmers soll zukünftig erst nach Abnahme und Übergabe einer prüffähigen Schlussrechnung fällig werden. Die Schlussrechnung ist prüffähig, wenn sie eine übersichtliche Aufstellung der erbrachten Leistungen enthält und für den Besteller nachvollziehbar ist. Sie gilt als prüffähig, wenn der Besteller nicht innerhalb von 30 Tagen

nach Zugang der Schlussrechnung begründete Einwendungen gegen ihre Prüffähigkeit erhoben hat (§ 650g BGB-E).
- In § 650f BGB-E werden Regelungen über die Zustandsfeststellung in dem Fall, dass die Abnahme verweigert wird, getroffen. Verweigert der Bauherr die Abnahme unter Angabe von Mängeln, tritt die oben erläuterte Abnahmefiktion nicht ein. In diesem Fall kann der Unternehmer vom Bauherrn die Mitwirkung an einer gemeinsamen Zustandsfeststellung verlangen und hierzu selbst einen Termin bestimmen. Über die gemeinsame Zustandsfeststellung sollen die Parteien ein Protokoll mit Datum und beiderseitigen Unterschriften verfassen. Bleibt der Bauherr dem Termin zur Zustandsfeststellung fern, kann der Unternehmer die Zustandsfeststellung allein vornehmen. Dies gilt nur dann nicht, wenn der Bauherr dem Termin unverschuldet fernbleibt und dies dem Bauunternehmer unverzüglich mitgeteilt hat. Ist das Bauwerk dem Bauherren verschafft worden und ist in der Zustandsfeststellung ein offenkundiger Mangel nicht genannt, dann wird von Gesetzes wegen vermutet, dass dieser nach der Feststellung entstanden und vom Bauherrn zu vertreten ist. Diese Vermutung gilt nicht, wenn der Mangel seiner Art nach nicht vom Bauherrn verursacht worden sein kann. Dies ist beispielsweise der Fall bei einem Materialfehler oder wenn der Mangel darin besteht, dass das Werk nicht nach den Planungsvorgaben hergestellt wurde. Auf diesem Wege können dem Bauherrn auch von Dritten verursachte Schäden zugerechnet werden, die zwar nach der Zustandsfeststellung, aber vor Besitzübernahme des Bauwerks entstanden sind, es sei denn, der Bauherr kann die Vermutungswirkung durch Beweis des Gegenteils entkräften.

14.3 Verbraucherbauvertrag, §§ 650h–m BGB-E

»Verbraucherbauverträge« sind Verträge, durch die der Unternehmer (Baufirma) von einem Verbraucher (privater Bauherr) zum Bau eines neuen Gebäudes oder zu erheblichen Umbaumaßnahmen an einem bestehenden Gebäude verpflichtet wird. Für den Verbraucherbauvertrag sind folgende Neuerungen vorgesehen:
- Unternehmer sind zukünftig verpflichtet, dem Verbraucher rechtzeitig vor Vertragsabschluss eine Baubeschreibung in Textform, also z.B. auf Papier oder per E-Mail zur Verfügung zu stellen, die bestimmten Mindestanforderungen entsprechen muss (§ 650i BGB-E). Die Baubeschreibungspflicht gilt für Bauträger und Schlüsselfertiganbieter, die auf dem Grundstück des Bauherrn bauen. Verbraucher, die mit einem eigenen Architekten planen, haben keinen Anspruch auf eine Baubeschreibung.

In der Baubeschreibung sind die wesentlichen Eigenschaften des Hauses klar darzustellen. Sie muss mindestens folgende Informationen enthalten:
- allgemeine Beschreibung des herzustellenden Gebäudes oder der Umbauten, gegebenenfalls Haustyp und Bauweise
- Art und Umfang der Leistungen, gegebenenfalls auch der Planung und Bauleitung, der Arbeiten am Grundstück, der Baustelleneinrichtung und der Ausbaustufe
- Gebäudedaten, Pläne mit Raum- und Flächenangaben sowie Ansichten, Grundrisse, Schnitte
- gegebenenfalls Angaben zum Energie-, zum Brandschutz-, und zum Schallschutzstandard sowie zur Bauphysik
- Angaben zur Beschreibung der Baukonstruktion aller wesentlichen Gewerke
- gegebenenfalls Beschreibung des Innenausbaus
- gegebenenfalls Beschreibung der gebäudetechnischen Anlagen
- Angaben zu Qualitätsmerkmalen, denen Gebäude oder Umbau genügen müssen
- gegebenenfalls Beschreibung der Sanitärobjekte, der Armaturen, der Elektroanlage, der Installationen, der Informationstechnologie und der Außenanlagen
- verbindliche Angaben zum Zeitpunkt der Fertigstellung des Baus. Steht der Beginn der Baumaßnahme noch nicht fest, dann muss zumindest ihre Dauer angegeben sein.

Die Angaben in der Baubeschreibung in Bezug auf die Bauausführung werden kraft Gesetzes Vertragsbestandteil, es sei denn die Parteien haben ausdrücklich etwas anderes vereinbart. Soweit die Baubeschreibung unvollständig oder unklar ist, ist der Vertrag unter Berücksichtigung sämtlicher vertragsbegleitender Umstände, insbesondere des darin geregelten Komfort- und Qualitätsstandards, im Zweifel zugunsten des Verbrauchers auszulegen (§ 650j BGB-E). Zweck der vorvertraglich zur Verfügung gestellten Baubeschreibung ist es, dem Bauherrn eine Überprüfung der angebotenen Bauleistungen und einen Preis- und Leistungsvergleich mit anderen Angeboten zu ermöglichen und damit den Wettbewerb zu fördern.

- Verbraucherbauverträge müssen verbindliche Angaben zum Zeitpunkt der Fertigstellung des Baus enthalten, damit der Bauherr Planungssicherheit hat (§ 650j BGB-E). Steht dieser Zeitpunkt noch nicht fest, muss die Dauer der Baumaßnahme angegeben werden. Enthält der Vertrag keine Angaben zur Bauzeit, werden die Angaben hierzu in der vorvertraglichen Baubeschreibung Vertragsinhalt.
- Um den Verbraucher vor zu hohen Abschlagszahlungen zu schützen, setzt das neue Bauvertragsrecht hierfür Obergrenzen fest (§ 650l BGB-E). Danach

dürfen die vom Bauunternehmer verlangten Abschlagszahlungen 90% des vereinbarten Werklohns nicht übersteigen.
- Dem Verbraucher steht ein Widerrufsrecht zu, es sei denn, der Vertrag wurde notariell beurkundet (§ 650k BGB-E). Damit erhält der Verbraucher Gelegenheit, seine mit hohen finanziellen Verpflichtungen verbundene Entscheidung zum Bau eines Hauses noch einmal zu überdenken. Der Unternehmer muss den Verbraucher über das Widerrufsrecht informieren. Die Widerrufsfrist beträgt 14 Tage ab Vertragsschluss, wenn der Verbraucher bei Vertragsschluss ordnungsgemäß über sein Widerrufsrecht informiert worden ist. Wurde er nicht ordnungsgemäß informiert, beträgt die Frist 14 Tage ab ordnungsgemäßer Information, höchstens jedoch ein Jahr und 14 Tage ab Vertragsschluss. Zur Fristwahrung genügt die rechtzeitige Abgabe der Widerrufserklärung. Durch den Widerruf wird der Vertrag gegenstandslos. Die ausgetauschten Leistungen sind grundsätzlich unverzüglich zurückzugewähren. Ist jedoch die Rückgewähr ihrer Natur nach ausgeschlossen, ist Wertersatz zu leisten. Dies ist beispielsweise der Fall, wenn bereits Materialien eingebaut wurden. Der Widerruf ist für den Verbraucher also nicht immer eine kostenlose Möglichkeit, sich vom Vertrag zu lösen.
- Unternehmer sind zukünftig verpflichtet, dem Verbraucher solche Unterlagen über das Bauwerk zu erstellen und herauszugeben, die er zum Nachweis der Einhaltung öffentlich-rechtlicher Vorschriften oder zur Erlangung eines Kredits benötigt (§ 650m BGB-E).

14.4 Architekten- und Ingenieurvertrag

Folgende Änderungen betreffen den Architekten und Ingenieurvertrag:
- Die vertragstypischen Pflichten des Architekten und Ingenieurs werden in § 650o BGB-E normiert.
- § 650q BGB-E räumt dem Besteller und unter bestimmten Voraussetzungen auch dem Architekten oder dem Ingenieur am Ende der Zielfindungsphase ein Sonderkündigungsrecht ein.
- § 650s BGB-E sieht den Vorrang der Nacherfüllung durch den bauausführenden Unternehmer vor, um eine überproportionale Beanspruchung des Architekten bzw. des Ingenieurs im Rahmen der gesamtschuldnerischen Haftung abzumildern.

14.5 Bauträgervertrag

Ein Bauträgervertrag ist ein Vertrag, der die Errichtung oder den Umbau eines Hauses oder eines vergleichbaren Bauwerks zum Gegenstand hat und der zugleich die Verpflichtung des Unternehmers enthält, dem Besteller das Eigentum an dem Grundstück zu übertragen oder ein Erbbaurecht zu bestellen oder zu übertragen.

Alle neuen Vorschriften im Werk- und Bauvertragsrecht gelten grundsätzlich auch für den Bauträgervertrag. Ist Vertragspartner des Bauträgers ein Verbraucher, das heißt ein privater Bauherr, muss der Bauträger alle Pflichten aus dem Verbraucherbauvertrag einhalten, also die Baubeschreibungspflicht, die Bauzeitenangabepflicht sowie die Unterlagenerstellungs- und -herausgabepflicht.

Von diesem Grundsatz sieht das neue Gesetz folgende Ausnahmen vor:
- Die freie und die außerordentliche Kündigung aus wichtigem Grund nach den neuen Vorschriften ist beim Bauträgervertrag nicht möglich.
- Es besteht kein einseitiges Anordnungsrecht des Bauherrn.
- Die Angaben in einer vor Vertragsschluss übergebenen Baubeschreibung werden nicht kraft Gesetzes Vertragsbestandteil. Vielmehr ist der gesamte Vertragsinhalt einschließlich der Baubeschreibung notariell zu beurkunden, sodass diese unmittelbar zum Vertragsinhalt wird.
- Es besteht kein Widerrufsrecht. Denn der private Bauherr ist durch die Belehrungspflichten des Notars sowie die rechtzeitige Übersendung der Vertragsurkunden durch den Notar an den Verbraucher 14 Tage vor dem Beurkundungstermin ausreichend vor übereilten Vertragsschlüssen geschützt.
- Die Abschlagszahlungen sind nicht auf 90% begrenzt. Obergrenzen für Abschlagszahlungen bei Bauträgerverträgen regelt wie bisher bereits die Makler-und Bauträgerverordnung.

14.6 Kaufvertrag

Die Neuerungen im Kaufvertragsrecht sollen in erster Linie die Rechtssituation von Bauunternehmern, die zum Beispiel mangelhaftes Baumaterial gekauft und eingebaut haben, verbessern. Zudem werden die Forderungen des Europäischen Gerichtshofs (EuGH) umgesetzt. Der Europäische Gerichtshof hat mit Urteil vom 16. Juni 2011 (C 65/09 und C 87/09) entschieden, dass der Verkäufer einer beweglichen Sache im Rahmen einer Nacherfüllung gegenüber dem Verbraucher verpflichtet sein kann, die bereits in eine andere Sache eingebaute mangelhafte Kaufsache auszubauen und die Ersatzsache einzubauen oder die Kosten für beides zu tragen. Daraufhin hat der BGH den bisherigen §439 Abs. 1 Alt. 2 BGB richtlinienkonform dahin gehend ausgelegt, dass der kaufrechtliche Nacherfüllungsanspruch beim Verbrauchsgüterkauf auch die Kosten für Aus- und Einbau bei Lieferung mangelhafter Sachen umfasst. Diese Rechtsprechung gilt jedoch nicht bei einem Kaufvertrag zwischen Unternehmern (BGH, Urteil vom 2.4.2014, VIII ZR 46/13). Angesichts dessen sind folgende Änderungen vorgesehen:

- In §439 BGB soll ein neuer Anspruch des Käufers auf Vornahme von Aus- und Einbauleistungen bzw. auf Ersatz der hierfür erforderlichen Aufwendungen normiert werden. Diese Vorschrift soll sowohl für Verträge mit Verbrauchern als auch mit Unternehmern gelten.
- Auch soll die in §478 Abs. 2 BGB geregelte erleichterte Rückgriffsmöglichkeit des Unternehmers gegenüber seinem Lieferanten wegen Ersatz der Aufwendungen erweitert werden, die der Unternehmer im Verhältnis zum Verbraucher im Rahmen der Nacherfüllung zu tragen hatte. Dieser Rückgriff des Verkäufers soll auch möglich sein, wenn der letzte Käufer in der Lieferkette ein Unternehmer ist.

15 Handwerkerkosten steuerlich absetzen

Durch die Vermietung seiner Immobilie erzielt der Vermieter Einnahmen aus Vermietung und Verpachtung (§ 21 EStG), die er versteuern muss. Hierzu zählen in erster Linie die Mietzahlungen, die Betriebskostenvorauszahlungen und die Nachforderungen aus einer Betriebskostenabrechnung. Im Gegenzug darf der Vermieter mit der Vermietung zusammenhängende Kosten in seiner Steuererklärung als Werbungskosten steuermindernd geltend machen, zum Beispiel seine Immobilie abschreiben sowie Handwerkerkosten absetzen.

15.1 Handwerkerkosten mit Einkünften aus Vermietung und Verpachtung verrechnen

Einkünfte aus Vermietung und Verpachtung sind sogenannte Überschusseinkünfte. In der Steuererklärung sind die Einnahmen und die Ausgaben gegenüberzustellen und auf diese Weise ein Gewinn oder Verlust zu ermitteln. Sind die Einnahmen höher als die Ausgaben, muss der Vermieter diesen Gewinn versteuern. Verluste aus Vermietung und Verpachtung wirken sich dagegen steuermindernd aus.

Bei den Einkünften aus Vermietung und Verpachtung gilt für die Einnahmen und Ausgaben das Zufluss-Abfluss-Prinzip (§ 11 EStG): Einnahmen sind innerhalb des Kalenderjahres zu berücksichtigen, in dem sie dem Steuerpflichtigen zugeflossen sind. Maßgeblich ist also der Zeitpunkt, zu dem die Einnahmen wie etwa Miete oder Betriebskostenvorauszahlungen und -nachzahlungen beim Vermieter eingehen. Ebenso sind Ausgaben in dem Kalenderjahr zu berücksichtigen, in dem sie geleistet worden sind. Entscheidend ist also, wann der Vermieter Rechnungen von Handwerkern, Wohngeld oder andere Ausgaben tatsächlich bezahlt.

Mieteinnahmen zählen zu den sogenannten regelmäßig wiederkehrenden Einnahmen im Sinne von § 11 Abs. 1 Satz 2 EStG. Sie sind dem Kalenderjahr zuzurechnen, zu dem sie wirtschaftlich gehören, wenn sie innerhalb von zehn Tagen vor oder nach dem Ende des betreffenden Kalenderjahres beim Vermieter eingehen. Geht zum Beispiel die Miete für Januar 2017 bereits am 27. Dezember 2016 auf dem Bankkonto des Vermieters ein, wird die Zahlung steuerlich dem Kalenderjahr 2017 zugerechnet.

Stellt ein Handwerker eine Rechnung, kann es im Einzelfall sinnvoll sein, diese erst im nächsten Kalenderjahr zu bezahlen, damit diese Ausgabe erst im nächsten Kalenderjahr steuerwirksam wird. Nicht maßgeblich ist grundsätzlich, wann der Handwerker die Leistung erbracht hat oder das Datum der Rechnung.

15.2 Rechnungen als Werbungskosten geltend machen

Unter Werbungskosten versteht man die Ausgaben, die erforderlich sind, um Einnahmen aus Vermietung und Verpachtung zu erzielen. Dazu zählen neben der Abschreibung der Immobilie Ausgaben, die Vermieter in dem Jahr, in dem sie anfallen, zu 100% in ihrer Einkommensteuererklärung steuerlich geltend machen können.

Zu den sofort abzugsfähigen Werbungskosten zählen z.B.:
- Finanzierungskosten wie Darlehensgebühren, Kosten für die Eintragung einer Grundschuld oder Schätzungskosten der Bank, jedoch keine Tilgungsraten
- laufende Bewirtschaftungskosten wie etwa Betriebskosten, z.B. für Müllabfuhr, Wasser, Straßenreinigung, Heizung, Kaminkehrer, Strom, Hausmeister, Versicherungen (etwa gegen Schäden durch Brand, Leitungswasser, Sturm; Haftpflicht), Grundsteuer
- Wohngeld, das der Eigentümer einer Eigentumswohnung an die Hausverwaltung zahlt
- Verwalterhonorare, Kontogebühren, Fahrtkosten, Beiträge an den Haus- und Grundbesitzerverein
- Ausgaben für Inserate wegen Vermietung, Maklerprovision für die Vermittlung von Mietern, Rechtsanwaltskosten, die im Zusammenhang mit der Vermietung anfallen
- Kosten für Renovierungen und Reparaturen als sogenannter Erhaltungsaufwand

Die Beiträge zur Instandhaltungsrücklage sind keine Werbungskosten. Erst wenn Instandhaltungen aus der Rücklage tatsächlich bezahlt werden, kann der Steuerpflichtige diese Beträge als Werbungskosten steuerlich geltend machen.

15.3 Absetzung für Abnutzung (AfA)

Die Anschaffungs- bzw. Herstellungskosten der Immobilie kann der Vermieter nicht zu 100% in dem Jahr geltend machen, in dem sie anfallen. Vielmehr muss der Vermieter sie über die Jahre der voraussichtlichen gesamten Nutzungsdauer des vermieteten Gebäudes bzw. der Wohnung verteilt abschreiben. Pro Jahr sind die Anschaffungs- bzw. Herstellungskosten steuermindernd anteilig als Werbungskosten abzuziehen. Bemessungsgrundlage für die Berechnung der Gebäudeabschreibung sind nur die Anschaffungs- und Herstellungskosten für das Gebäude. Nicht zur Bemessungsgrundlage zählen die anteiligen Grundstückskosten. Fallen Anschaffungs- und Herstellungskosten auf die Einheit von Grundstück und Gebäude, werden die auf das Grundstück entfallenden Kosten abgezogen.

> **Tipp**
> Bereits im notariellen Kauf- oder Bauvertrag sollte aufgeschlüsselt werden, welcher anteilige Preis auf das Gebäude und welcher auf Grund und Boden entfällt. Weichen die im notariellen Kaufvertrag angegebenen Werte nicht völlig von den realistischen Werten ab, erkennt das Finanzamt diese Aufteilung in der Regel an.

Gleiches gilt, wenn aus einem Verkehrswertgutachten der anteilige Preis für Grund und Boden hervorgeht. Fehlen solche Vorgaben, ist der anteilige Wert für Grund und Boden und das Gebäude zu schätzen. Dies geschieht nach der Rechtsprechung des Bundesfinanzhofs in der Regel unter Anwendung des Sachwertverfahrens nach der Immobilienwertermittlungsverordnung (BFH, Urteil vom 11.2.2003, IX R 13/00, BFH/NV 2003, 769). Zur Berechnung des anteiligen Preises hat das Bundesministerium der Finanzen auf seiner Website die »Arbeitshilfe zur Aufteilung eines Gesamtkaufpreises für ein bebautes Grundstück« zur Verfügung gestellt. Dabei fließt der Preis für den Grundstücksanteil ein, der anhand der Bodenrichtwerte der jeweiligen Gemeinde ermittelt wird.

Zu den Anschaffungs- und Herstellungskosten, die abgeschrieben werden können, zählen auch alle weiteren Kosten, die mit dem Erwerb der Immobilie zusammenhängen. Hierbei handelt es sich um folgende Kosten:
- Kaufpreis
- Maklerprovision
- Grunderwerbsteuer
- Notarkosten
- Grundbucheintragungskosten
- Fahrtkosten zur Besichtigung der zu erwerbenden Immobilien

15.3.1 Höhe der Abschreibung (AfA)

Seit dem 1. Januar 2006 ist derzeit auch bei vermieteten Neubauten grundsätzlich nur noch die lineare Abschreibung möglich. Bei Inanspruchnahme der linearen Gebäude-AfA werden die Anschaffungs- und Herstellungskosten auf die vom Gesetz vorgesehene Nutzungsdauer gleichmäßig verteilt. Bei der linearen Abschreibung von Gebäuden im Privatvermögen beträgt der AfA-Satz (§ 7 Abs. 4 EStG) bei

- Fertigstellung nach dem 31.12.1924:   2,0% jährlich,
- Fertigstellung vor dem 1.1. 1925:   2,5% jährlich.

Die degressive Abschreibung von Gebäuden im Privatvermögen, soweit sie Wohnzwecken dienen (§ 7 Abs. 5 EStG), ist in folgender Höhe möglich:

Bei einem Bauantrag, der nach dem 28.2.1989 und vor dem 1.1.1996 gestellt wurde, oder einer Anschaffung durch einen rechtswirksam abgeschlossenen obligatorischen Vertrag (notariellen Kaufvertrag), der nach dem 28.2.1989 und vor dem 1.1.1996 abgeschlossen wurde:

- im Jahr der Fertigstellung und in den folgenden drei Jahren: jeweils 7,00%
- in den darauffolgenden sechs Jahren: jeweils 5,00%
- in den darauffolgenden sechs Jahren: jeweils 2,00%
- in den darauffolgenden 24 Jahren: jeweils 1,25%

Bei einem Bauantrag, der nach dem 31.12.1995 und vor dem 1.1.2004 gestellt wurde, oder einer Anschaffung durch einen rechtswirksam abgeschlossenen obligatorischen Vertrag, der nach dem 31.12.1995 und vor dem 1.1.2004 abgeschlossen wurde:

- im Jahr der Fertigstellung und in den folgenden sieben Jahren: jeweils 5,00%
- in den darauffolgenden sechs Jahren: jeweils 2,50%
- in den darauffolgenden 36 Jahren: jeweils 1,25%

Bei einem Bauantrag, der nach dem 31.12.2003 und vor dem 1.1.2006 gestellt wurde, oder einer Anschaffung durch einen rechtswirksam abgeschlossenen obligatorischen Vertrag, der nach dem 31.12.2003 und vor dem 1.1.2006 abgeschlossen wurde:

- im Jahr der Fertigstellung und in den folgenden neun Jahren: jeweils 4,00%
- in den darauffolgenden acht Jahren: jeweils 2,50%
- in den darauffolgenden 32 Jahren: jeweils 1,25%

Seit dem 1.1.2006 ist die degressive Abschreibung abgeschafft.

Die degressive Abschreibung von Gebäuden im Privatvermögen ohne Wohnzwecke (§ 7 Abs. 5 EStG) ist wie folgt möglich:

Bei einem Bauantrag, der nach dem 31.3.1985 und vor dem 1.1.1995 gestellt wurde, oder einer Anschaffung durch einen rechtswirksam abgeschlossenen obligatorischen Vertrag (notariellen Kaufvertrag), der nach dem 31.3.1985 und vor dem 1.1.1995 abgeschlossen wurde:
- im Jahr der Fertigstellung und in den folgenden sieben Jahren: jeweils 5,00 %
- in den darauffolgenden sechs Jahren: jeweils 2,50 %
- in den darauffolgenden 36 Jahren: jeweils 1,25 %

15.3.2 Erhöhte Absetzungen bei Baudenkmälern und Gebäuden in Sanierungsgebieten im Privatvermögen

Baudenkmäler sowie Immobilien in einem Sanierungsgebiet können steuerlich interessant sein. Der Gesetzgeber gewährt sowohl bei Vermietung als auch bei Selbstnutzung höhere Abschreibungen.

Wer die Immobilie selbst nutzt, kann nach Maßgabe des § 10f EStG zehn Jahre lang jeweils bis zu 9 % der Herstellungs- und Instandhaltungskosten als Sonderausgaben absetzen.

Kapitalanleger dürfen unter den Voraussetzungen des § 7h EStG bei ihrem vermieteten Gebäude im Sanierungsgebiet und städtebaulichen Entwicklungsbereich die Kosten für Modernisierungs- und Instandsetzungsmaßnahmen acht Jahre lang mit jeweils bis zu 9 % und vier weitere Jahre lang mit jeweils bis zu 7 % steuerlich geltend machen. Bei Baudenkmälern kann der Kapitalanleger nach den Vorgaben des § 7i EStG die Herstellungskosten für Baumaßnahmen, die zur Erhaltung des Gebäudes als Baudenkmal oder zu seiner sinnvollen Nutzung erforderlich sind, acht Jahre lang mit jeweils bis zu 9 % und vier weitere Jahre lang mit jeweils bis zu 7 % steuerlich ansetzen.

> **Tipp**
> Voraussetzung für die erhöhten Abschreibungsmöglichkeiten nach §§ 7h, 7i und 10f EStG ist, dass der Steuerpflichtige alle Maßnahmen vor ihrer Durchführung nach Art und Umfang im Einzelnen mit der zuständigen Denkmalschutzbehörde abstimmt und sich eine entsprechende Bescheinigung ausstellen lässt (§ 7i EStG). Versäumt er dies, kann er die Steuervergünstigungen nicht nutzen.

15.4 Die Abgrenzung von Anschaffungs-, Herstellungskosten und Erhaltungsaufwendungen bei Instandsetzung und Modernisierung von Gebäuden

Neue Fenster, neues Dach, neue Heizungsanlage, Maler- und Elektroarbeiten: Reparaturen und andere bauliche Maßnahmen an der vermieteten Immobilie kann der Steuerpflichtige bei seinen Einkünften aus Vermietung und Verpachtung nach §21 EStG steuerlich geltend machen. Hierbei ist eine Abgrenzung zwischen Anschaffungs- und Herstellungskosten sowie Erhaltungsaufwendungen erforderlich. Denn Anschaffungs- und Herstellungskosten sowie der anschaffungsnahe Aufwand können nur als Abschreibung steuerlich geltend gemacht werden. Dagegen können Erhaltungsaufwendungen im Jahr der Verausgabung in voller Höhe als Werbungskosten steuerlich abgesetzt oder nach Wahl des Steuerpflichtigen bei vermietetem Wohnraum auch auf zwei bis fünf Jahre verteilt werden.

Das BMF-Schreiben vom 18.7.2003 enthält zur Abgrenzung von Anschaffungs- und Herstellungskosten und Erhaltungsaufwendungen bei Instandsetzung und Modernisierung von Gebäuden Vorgaben (www.bundesfinanzministerium.de).

15.4.1 Anschaffungskosten

Anschaffungskosten entstehen stets im Zusammenhang mit dem Erwerb eines Gebäudes. Nach §255 Abs. 1 HGB versteht man unter Anschaffungskosten die Aufwendungen, die geleistet werden, um eine Immobilie zu erwerben und sie in einen betriebsbereiten Zustand zu versetzen. Zu den Anschaffungskosten gehören auch die Nebenkosten des Erwerbs sowie die nachträglichen Anschaffungskosten.

Darüber hinaus zählen zu den Anschaffungskosten die Aufwendungen, die aufgebracht werden, um das Gebäude bzw. die Eigentumswohnung auf einen höheren Standard im Sinne einer Gebrauchswertsteigerung anzuheben. Hierbei unterscheidet man zwischen
- sehr einfachem Standard,
- mittlerem Standard und
- sehr anspruchsvollem Standard.

Abgrenzung von Anschaffungs-, Herstellungskosten und Erhaltungsaufwendungen **15**

Eine Standardhebung ist anzunehmen, wenn das Gebäude von einem sehr einfachen auf einen mittleren oder von einem mittleren auf einen sehr anspruchsvollen Standard gehoben wird. Der Standard eines Wohngebäudes bezieht sich auf die Eigenschaften einer Wohnung. Für die Beurteilung der Frage, ob eine Standardhebung vorliegt, ist hauptsächlich auf folgende vier zentrale Ausstattungsmerkmale abzustellen:

- Heizung,
- Sanitär,
- elektrische Anlagen und
- Fenster.

Beispiel

Eine Standardhebung ist z.B. anzunehmen, wenn einfach verglaste Fenster gegen Fenster mit Isolierverglasung ausgetauscht werden, außerdem anstelle von Gaseinzelöfen eine Zentralheizung eingebaut sowie die Elektroversorgung erneuert wird. Dies führt zu Anschaffungskosten.

15.4.2 Anschaffungsnahe Aufwendungen

Anschaffungsnahe Aufwendungen können ebenfalls nicht als sofort abzugsfähige Werbungskosten steuerlich geltend gemacht werden, sondern sind abzuschreiben.

Von anschaffungsnahen Aufwendungen ist auszugehen, wenn die Aufwendungen ohne Mehrwertsteuer – in der Regel für Reparaturen und Renovierungen –, die innerhalb von drei Jahren nach dem Erwerb der Immobilie durchgeführt werden, 15% der Anschaffungskosten, die auf das Gebäude entfallen, übersteigen. In Bezug auf die 15%-Grenze sind Kosten für die Vergrößerung der Wohn- und Nutzfläche im Sinne des §255 Abs. 2 Satz 1 HGB, zum Beispiel durch Aufstockung oder Anbau, sowie Erhaltungsaufwendungen, die üblicherweise jährlich anfallen, nicht mit einzubeziehen.

Tipp

Vermieter sollten darauf achten, die 15%-Grenze der anschaffungsnahen Aufwendungen nicht zu überschreiten. Wird die 15%-Grenze in den ersten drei Jahren nach Anschaffung überschritten, werden alle bis dahin durchgeführten Maßnahmen grundsätzlich als anschaffungsnaher Aufwand angesehen, der der Abschreibung zuzuführen ist. Bei der Ermittlung der 15%-Grenze sind nur die auf das Gebäude entfallenden Anschaffungskosten maßgeblich. Nicht zur Bemessungsgrundlage zählen dagegen die anteiligen Anschaffungskosten für Grund und Boden.

15.4.3 Herstellungskosten

Herstellungskosten eines Gebäudes sind nach § 255 Abs. 2 Satz 1 HGB Aufwendungen
- für die Herstellung eines Gebäudes sowie
- für die Erweiterung eines Gebäudes nach Fläche oder Substanz oder
- für die über den ursprünglichen Zustand hinausgehende wesentliche Verbesserung eines Gebäudes.

Zu den Herstellungskosten gehören alle Kosten, die bis zur Fertigstellung, das heißt dem Zeitpunkt der Bezugsfertigkeit, des Gebäudes anfallen. Hierzu zählen z. B. folgende Aufwendungen:
- Baugenehmigung
- Handwerker
- Baumaterial
- Architekt
- Hausanschlusskosten
- Fahrtkosten

Herstellungskosten entstehen auch bei einer Erweiterung eines bestehenden Gebäudes i. S. d. § 255 Abs. 2 Satz 1 HGB. Eine Erweiterung ist in folgenden Fällen anzunehmen:
- Ein Gebäude wird aufgestockt oder ein Anbau daran errichtet, z. B. bei Errichtung eines neuen Geschosses oder Anbau eines Wintergartens.
- Die nutzbare Fläche des Gebäudes wird vergrößert. Ausreichend ist hierbei, wenn die Baumaßnahmen zu einer nur geringfügigen Vergrößerung der Wohnnutzfläche führen. Herstellungskosten sind z. B. anzunehmen, wenn die Nutzfläche durch eine zuvor nicht vorhandene Dachgaube, den Anbau eines Balkons oder einer Terrasse vergrößert oder das Dachgeschoss ausgebaut wird.
- Das Gebäude wird in seiner Substanz vermehrt, ohne dass zugleich seine nutzbare Fläche vergrößert wird, z. B. bei Einsetzen von zusätzlichen Trennwänden, bei Errichtung einer Außentreppe, bei erstmaligem Einbau einer Alarmanlage, eines Aufzugs, einer Treppe zum Spitzboden, eines Kachelofens oder eines Kamins.

Baumaßnahmen sind nach § 255 Abs. 2 Satz 1 HGB als sogenannte nachträgliche Herstellungskosten zu behandeln, wenn sie zu einer über den ursprünglichen Zustand hinausgehenden wesentlichen Verbesserung des Gebäudes führen. Dies ist anzunehmen, wenn die Maßnahmen zur Instandsetzung und Modernisierung eines Gebäudes in ihrer Gesamtheit über eine zeitgemäße substanzerhaltende Erneuerung hinausgehen, den Gebrauchswert des Gebäudes insgesamt deutlich erhöhen und damit für die Zukunft eine erweiterte Nutzungsmöglichkeit geschaffen wird. Von einer deutlichen Erhöhung des Gebrauchswerts des Gebäudes ist auszugehen, wenn das Gebäude von einem sehr einfachen auf einen mittleren oder von einem mittleren auf einen sehr anspruchsvollen Standard gehoben wird. Von Herstellungskosten ist grundsätzlich nur dann auszugehen, wenn an mindestens drei der vier zentralen Ausstattungsmerkmale Heizung, Sanitär, elektrische Anlagen und Fenster Maßnahmen durchgeführt wurden, die zu einer Gebrauchswerterhöhung führen. Wird eine Erweiterung des Gebäudes im Sinne von § 255 Abs. 2 durchgeführt, sind nachträgliche Herstellungskosten bereits dann anzunehmen, wenn Baumaßnahmen an nur zwei zentralen Ausstattungsmerkmalen ausgeführt werden.

15.4.4 Erhaltungsaufwendungen

Sofort abzugsfähige Erhaltungsaufwendungen liegen dagegen vor, wenn die Instandsetzungs- oder Modernisierungsmaßnahmen nicht über eine substanzerhaltende Erneuerung des Gebäudes hinausgehen. Von einer substanzerhaltenden Erneuerung ist auszugehen, wenn durch die Instandsetzungs- oder Modernisierungsmaßnahmen lediglich ein ordnungsgemäßer Zustand des Gebäudes entsprechend seinem ursprünglichen Zustand erhalten wird oder dieser in zeitgemäßer Form wiederhergestellt wird. Hierbei wird dem Gebäude nur der zeitgemäße Wohnkomfort wiedergegeben, den es ursprünglich besessen, aber durch den technischen Fortschritt und die Veränderung der Lebensgewohnheiten verloren hat. Bei zu Wohnzwecken vermieteten Immobilien kann der Vermieter auch wahlweise größere Beträge auf zwei bis fünf Jahre verteilen (§ 82b EStDV).

Aufwendungen für ein Bündel von Einzelmaßnahmen, die für sich genommen teilweise als Anschaffungs- oder Herstellungskosten und teilweise als Erhaltungsaufwendungen anzusehen sind, sind insgesamt als Anschaffungs- oder Herstellungskosten zu beurteilen, wenn die Arbeiten im sachlichen Zusammenhang stehen. Ein solcher sachlicher Zusammenhang ist anzunehmen, wenn die einzelnen Baumaßnahmen bautechnisch ineinandergreifen. Ein bautechnisches Ineinandergreifen liegt vor, wenn die Erhaltungsarbeiten
- Vorbedingung für die Schaffung des betriebsbereiten Zustandes oder für die Herstellungsarbeiten sind oder
- durch Baumaßnahmen, die den betriebsbereiten Zustand schaffen, oder durch Herstellungsarbeiten verursacht worden sind.

Das Finanzamt trägt grundsätzlich die Feststellungslast für die Tatsachen, die eine Behandlung als Anschaffungs- oder Herstellungskosten begründen. Soweit das Finanzamt nicht in der Lage ist, den Zustand des Gebäudes im Zeitpunkt der Anschaffung festzustellen, trifft den Steuerpflichtigen hierbei eine erhöhte Mitwirkungspflicht (§ 90 Abs. 1 Satz 3 AO). Kann der maßgebliche Zustand des Wohngebäudes nicht sicher festgestellt werden, ist das Finanzamt berechtigt, aus Indizien auf die Hebung des Standards eines Gebäudes und somit auf Anschaffungs- oder Herstellungskosten schließen.

Indizien für die Hebung des Standards sind gegeben, wenn
- ein Gebäude in zeitlicher Nähe zum Erwerb im Ganzen und von Grund auf modernisiert wird,
- hohe Aufwendungen für die Sanierung der zentralen Ausstattungsmerkmale getätigt werden und
- aufgrund dieser Baumaßnahmen der Mietzins erheblich erhöht wird.

Für die ersten drei Jahre nach Anschaffung des Gebäudes ist grundsätzlich nicht zu prüfen, ob eine Hebung des Standards vorliegt, wenn die Aufwendungen für die Instandsetzung und Modernisierung des Gebäudes insgesamt 15 % der Anschaffungskosten des Gebäudes nicht übersteigen. Dies gilt nicht, wenn sich bei Erwerb des Gebäudes mit mehreren Wohnungen der Standard für einzelne Wohnungen verbessert oder die Baumaßnahme der Beginn einer Sanierung in Raten sein kann.

15.5 Haushaltsnahe Dienst- und Handwerkerleistungen absetzen

Ob Hausreinigung, Gartenarbeit, Kinderbetreuung oder Handwerkerleistungen: Wer solche und ähnliche Arbeiten von jemand anderem in seiner selbst genutzten Immobilie durchführen lässt, kann die Rechnung teilweise direkt von der Steuerschuld abziehen (§ 35a EStG). Dies gilt nicht nur für Immobilieneigentümer, sondern auch für Mieter einer Wohnung. Die Steuerermäßigung kann der Steuerpflichtige bei haushaltsnahen Beschäftigungsverhältnissen, haushaltsnahen Dienstleistungen sowie Handwerkerleistungen i.S.d. § 35a EStG beanspruchen, die in einem inländischen oder in einem anderen Mitgliedstaat der Europäischen Union oder im Europäischen Wirtschaftsraum liegenden Haushalt des Steuerpflichtigen ausgeübt werden. In einem überarbeiteten Anwendungsschreiben des Bundesfinanzministeriums vom 10.1.2014 (IV C 4-S 2296-b/07/0003:004) werden zahlreiche Zweifelsfragen geklärt.

15.5.1 Haushaltsnahe Beschäftigungsverhältnisse

Was unter einem haushaltsnahen Beschäftigungsverhältnis i.S.d. §35a Abs. 1 EStG zu verstehen ist, ist gesetzlich nicht definiert. Hierunter fallen Tätigkeiten, die einen engen Bezug zum Haushalt haben. Hierzu zählen z.B.
- die Zubereitung von Mahlzeiten im Haushalt,
- die Reinigung der Wohnung des Steuerpflichtigen,
- die Gartenpflege,
- die Versorgung und Betreuung von Kindern sowie von kranken, alten oder pflegebedürftigen Personen,
- die Erteilung von Unterricht, z.B. Sprachunterricht.

Begünstigt sind alle im Zusammenhang mit der Beschäftigung anfallenden Kosten. Neben den Lohnkosten zählen hierzu z.B. die vom Steuerpflichtigen getragenen Sozialversicherungsbeiträge, die Lohnsteuer sowie die Unfallversicherungsbeiträge.

Auf Antrag vermindert sich die Steuer
- um 20% der Aufwendungen von höchstens 2.550 Euro jährlich, also maximal 510 Euro, bei haushaltsnahen Beschäftigungsverhältnissen, bei denen es sich um geringfügige Beschäftigungen, sogenannte Minijobs, handelt, die im »Haushaltsscheckverfahren« angemeldet sind.
- um 20% der Aufwendungen von höchstens 20.000 Euro jährlich, also maximal 4.000 Euro, bei allen anderen haushaltsnahen Beschäftigungsverhältnissen, die keine Minijobs sind und für die Pflichtbeiträge zur gesetzlichen Sozialversicherung gezahlt werden.

> **Tipp**
> Die Anmeldung im Haushaltsscheckverfahren bei der Bundesknappschaft ist nur Privatleuten möglich, aber nicht Wohnungseigentümergemeinschaften oder Vermietern im Rahmen ihrer Vermietertätigkeit. Geringfügige Beschäftigungen von Wohnungseigentümergemeinschaften oder Vermietern können jedoch als haushaltsnahe Dienstleistungen steuerbegünstigt sein.

15.5.2 Haushaltsnahe Dienstleistungen

Unter haushaltsnahen Dienstleistungen i.S.d. §35a Abs. 2 EStG versteht man Tätigkeiten, die gewöhnlich durch Mitglieder des privaten Haushalts erledigt werden. Werden die Arbeiten von einer Dienstleistungsagentur oder einem selbstständigen Dienstleister durchgeführt, gewährt §35 Abs. 2 Satz 2 EStG eine Steuerermäßigung. Zu den haushaltsnahen Dienstleistungen gehören z. B.:

- Tätigkeiten im Haushalt wie etwa Kochen, Waschen, Bügeln, Reinigung der Wohnung durch einen selbstständigen Dienstleister
- Winterdienst durch einen selbstständigen Hausmeister
- Gartenarbeiten innerhalb des Grundstücks wie Rasenmähen oder Heckenschneiden durch einen selbstständigen Gärtner
- Pflege, Versorgung und Betreuung von kranken, alten oder pflegebedürftigen Angehörigen durch einen Pflegedienst

Der Bundesfinanzhof hat mit Urteil vom 20.3.2014 (VI R 55/12) entschieden, dass auch die Inanspruchnahme von Diensten wie beispielsweise Winterdienst, die jenseits der Grundstücksgrenze auf fremdem, beispielsweise öffentlichem Grund geleistet werden, als haushaltsnahe Dienstleistung nach §35a Abs. 2 Satz 1 EStG begünstigt sein können. Es muss sich dabei allerdings um Tätigkeiten handeln, die ansonsten üblicherweise von Familienmitgliedern erbracht und in unmittelbarem räumlichen Zusammenhang zum Haushalt durchgeführt werden und dem Haushalt dienen. Hiervon ist insbesondere auszugehen, wenn der Steuerpflichtige als Eigentümer oder Mieter zur Reinigung und Schneeräumung von öffentlichen Straßen und Gehwegen verpflichtet ist.

Nicht zu den haushaltsnahen Dienstleistungen zählen die handwerklichen Leistungen i. S. d. §35a Abs. 3 EStG.

Steuerbegünstigt sind Aufwendungen für die Arbeitszeit, für den Einsatz von Geräten sowie die Fahrtkosten. Die Materialkosten oder sonstige mit der Dienstleistung gelieferte Waren können nicht angesetzt werden. Auf Antrag vermindert sich die Steuer um 20% der Aufwendungen von höchstens 20.000 Euro jährlich, also maximal 4.000 Euro.

! **Tipp**
Der Steuerabzug für haushaltsnahe Beschäftigungen und haushaltsnahe Dienstleistungen kann nebeneinander in Anspruch genommen werden.

15.5.3 Begünstigte Handwerkerleistungen

Für die Inanspruchnahme von Handwerkerleistungen wird eine Steuerermäßigung nach §35a Abs. 3 EStG gewährt. §35a Abs. 3 EStG gilt für alle handwerklichen Tätigkeiten für Renovierungs-, Erhaltungs- und Modernisierungsmaßnahmen, die in einem inländischen, in der Europäischen Union oder dem Europäischen Wirtschaftsraum liegenden Haushalt des Steuerpflichtigen erbracht werden. Dies gilt unabhängig davon, ob es sich um regelmäßig vorzunehmende Renovierungsarbeiten oder kleine Ausbesserungsarbeiten handelt, die gewöhnlich durch Mitglieder des privaten Haushalts erledigt werden, oder um Erhaltungs- und Modernisierungsmaßnahmen, die im Regelfall nur von Fachkräften durchgeführt werden.

Steuerminderungen gibt es beispielsweise für folgende Handwerkerleistungen:
- Arbeiten an Innen- und Außenwänden
- Arbeiten an der Fassade, am Dach sowie an Garagen
- Reparatur oder Austausch von Fenstern, Türen sowie Bodenbelägen
- Streichen und Lackieren von Türen, Fenstern (innen und außen), Wandschränken, Heizkörpern und Rohren
- Modernisierung des Badezimmers
- Modernisierung und Austausch der Einbauküche
- Reparatur und Wartung von Haushaltsgegenständen wie Herd, Waschmaschine, Geschirrspüler, Fernseher oder Computer
- Reparatur oder Austauscharbeiten an Heizungsanlagen, Elektro-, Gas- oder Wasserinstallationen
- Maßnahmen der Gartengestaltung, zum Beispiel Gartenneuanlage

15.5.3.1 Dichtheitsprüfung

Auch Aufwendungen für eine Dichtheitsprüfung der privaten Abwasserleitung stellen eine steuerermäßigende Handwerkerleistung i. S. d. §35a EStG dar. Hierzu führt der Bundesfinanzhof in seiner Entscheidung vom 6.11.2014 aus, dass die Erhebung des unter Umständen noch mangelfreien Istzustands, beispielsweise die Überprüfung der Funktionsfähigkeit einer Anlage durch einen Handwerker, ebenso Handwerkerleistung i. S. d. §35a Abs. 3 EStG sein kann wie die Beseitigung eines bereits eingetretenen Schadens oder vorbeugende Maßnahmen zur Schadensabwehr (BFH, Urteil vom 6.11.2014, VI R 1/13).

15.5.3.2 Anschluss an das öffentliche Versorgungsnetz

Auch die Inanspruchnahme von Handwerkerleistungen, die jenseits der Grundstücksgrenze auf fremdem, beispielsweise öffentlichem Grund erbracht werden, kann als Handwerkerleistung nach §35a Abs. 2 Satz 2 EStG begünstigt sein, entschied der Bundesfinanzhof mit Urteil vom 20.3.2014 (VI R 56/12). Es muss sich dabei allerdings um Tätigkeiten handeln, die in unmittelbarem räumlichen Zusammenhang zum Haushalt durchgeführt werden und dem Haushalt dienen. Hiervon ist insbesondere dann auszugehen, wenn der Haushalt des Steuerpflichtigen nachträglich an das öffentliche Versorgungsnetz angeschlossen wird.

15.5.3.3 Haushalt des Steuerpflichtigen

Das Finanzgericht München hat mit Urteil vom 10.10.2013 (5 K 1580/12) entschieden, dass eine Steuerermäßigung auch für Aufwendungen einer Badsanierung im Keller des Elternhauses in Betracht kommen kann. Denn zum »Haushalt des Steuerpflichtigen« i.S.d. §35a EStG kann auch das Bad im Untergeschoss des auf demselben Grundstück befindlichen Gebäudes der Eltern des Steuerpflichtigen gehören, wenn der Steuerpflichtige über einen Außenzugang jederzeit Zugang zu diesem Bad hat und er selbst frei darüber entscheiden kann, ob er dieses Bad oder das Bad in seinem Bungalow benutzt.

> **Tipp**
>
> Es ist nicht erforderlich, dass der Leistungserbringer in die Handwerksrolle eingetragen ist. Auch Kleinunternehmer i.S.d. §19 des Umsatzsteuergesetzes oder die öffentliche Hand können steuerbegünstigte Handwerkerleistungen erbringen.

15.5.3.4 Neubaumaßnahmen

Nicht begünstigt sind handwerkliche Tätigkeiten im Rahmen einer Neubaumaßnahme. Der Bundesfinanzhof hatte bereits mit Urteil vom 13.7.2011 (VI R 61/10) entschieden, dass keine Neubaumaßnahme i.S.d. §35a EStG vorliegt, sondern eine begünstigte Handwerkerleistung, wenn die Baumaßnahmen in einem »vorhandenen Haushalt« durchgeführt werden. Die Steuerbegünstigung nach §35a EStG hängt also allein davon ab, ob die Handwerkerleistung in einem vorhandenen Haushalt durchgeführt wird oder ob durch die Baumaßnahme erst ein neuer Haushalt entsteht. Die Entscheidung des Bundesfinanzhofs wurde im Bundessteuerblatt veröffentlicht, sodass die Finanzämter daran gebunden sind.

Im Anschluss an die Entscheidung des Bundesfinanzhofs vom 13.7.2011 hat auch das Bundesfinanzministerium den Begriff der »Neubaumaßnahme« mit Schreiben vom 10.1.2014 (IV C 4 – S 2296-b/07/0003:004) neu definiert und dadurch die Grenzen der begünstigten Handwerkerleistungen erweitert. Danach gelten alle Maßnahmen als Neubaumaßnahmen, die im Zusammenhang mit der Errichtung eines Haushalts bis zu dessen Fertigstellung anfallen. Ein Gebäude gilt dann als fertiggestellt, wenn alle wesentlichen Bauarbeiten abgeschlossen sind und der Bau so weit errichtet ist, dass der Bezug der Wohnung zumutbar ist. Dementsprechend sind alle Arbeiten begünstigt, die nach dem Bezug eines Neubaus anfallen, da diese Arbeiten in einem »vorhandenen Haushalt« ausgeführt werden. Dies bedeutet, dass auch Handwerkerleistungen begünstigt sein können, die zu einer Wohn- oder Nutzflächener-

Haushaltsnahe Dienst- und Handwerkerleistungen absetzen 15

weiterung führen. Zu den begünstigten Handwerkerleistungen zählen z.B. folgende Baumaßnahmen nach Fertigstellung des Gebäudes:
- nachträglicher Anbau eines Wintergartens
- nachträglicher Dachgeschossausbau
- nachträglicher Einbau einer Dachgaube

> **Tipp**
> Die neue Definition der »Neubaumaßnahme« im BMF-Schreiben vom 10.1.2014 gilt in allen noch offenen Fällen rückwirkend bis zum Jahr 2006. Somit können auch für vergangene Jahre noch entsprechende Aufwendungen für Handwerkerleistungen nachträglich steuerlich geltend gemacht werden, wenn ein Steuerfall etwa wegen eines Einspruchs noch offen ist oder die Veranlagungen der Vorjahre unter dem Vorbehalt der Nachprüfung gem. §164 Abs. 1 AO durchgeführt wurden.

Andererseits wird teilweise auch die abweichende Ansicht vertreten, dass als Neubaumaßnahme alle Maßnahmen gelten, die im Zusammenhang mit der Erweiterung der Wohnfläche anfallen. Dementsprechend hat das Finanzgericht Berlin-Brandenburg mit Urteil vom 11.12.2012 (4 K 4361/08) entschieden, dass der nachträgliche Einbau einer Dachgaube nicht gem. §35a EStG begünstigt ist, auch wenn dies nur zu einer geringfügigen Erweiterung der Wohnfläche, hier ca. 2,4 qm, führt.

Die Tätigkeit eines Gutachters zählt weder zu den begünstigten Handwerkerleistungen noch zu den haushaltsnahen Dienstleistungen. Grundsätzlich nicht nach §35a Abs. 3 EStG begünstigt sind dementsprechend zum Beispiel
- die Legionellenprüfung,
- die Kontrolle von Aufzügen oder von Blitzschutzanlagen,
- die Feuerstättenschau sowie andere technische Prüfdienste.

Das gilt auch, wenn diese Tätigkeiten durch einen Kaminkehrer erbracht werden, dessen Schornsteinkehr- sowie Reparatur- und Wartungsarbeiten als Handwerkerleistung begünstigt sind.

Begünstigt sind nur die Aufwendungen für die Inanspruchnahme der Handwerkerleistung selbst, also die Arbeitskosten einschließlich der in Rechnung gestellten Maschinen- und Fahrtkosten. Materialkosten oder sonstige im Zusammenhang mit den Handwerkerleistungen gelieferten Waren, z.B. Farbe oder Fliesen, bleiben außer Ansatz.

Bei Handwerkerleistungen vermindert sich auf Antrag die Steuer um 20% der Aufwendungen, maximal 1.200 Euro jährlich. Dies entspricht dem Arbeitslohn aus Handwerkerrechnungen in Höhe von 6.000 Euro (§35a Abs. 3 EStG).

> **Tipp**
>
> Die Steuerermäßigung kann nur in Anspruch genommen werden, wenn der Steuerpflichtige für die Aufwendungen eine Rechnung erhalten hat und die Zahlung auf das Konto des Erbringers der haushaltsnahen Dienstleistung, der Handwerkerleistung oder der Pflege- oder Betreuungsleistung erfolgt ist (§35a Abs. 5 Satz 3 EStG). Der Bankbeleg gilt als Zahlungsnachweis. Es ist ausreichend, wenn der Steuerpflichtige die Nachweise auf Verlangen des Finanzamts vorlegen kann. Barzahlungen oder einfache Quittungen erkennt das Finanzamt nicht an. Lohn- und Materialkosten sind in der Rechnung aufzuschlüsseln.
> Bei geringfügigen Beschäftigungsverhältnissen, für die das Haushaltsscheckverfahren Anwendung findet, dient als Nachweis gegenüber dem Finanzamt die dem Arbeitgeber von der Einzugsstelle (Minijob-Zentrale) zum Jahresende erteilte Bescheinigung nach §28h Abs. 4 SGB IV.

15.5.4 Wohnungseigentümergemeinschaften

Ist eine Wohnungseigentümergemeinschaft Auftraggeber der handwerklichen Leistung oder der haushaltsnahen Dienstleistung oder besteht ein Beschäftigungsverhältnis zu einer Wohnungseigentümergemeinschaft (z.B. bei Reinigung von Gemeinschaftsflächen), kommt für den einzelnen Wohnungseigentümer eine Steuerermäßigung in Betracht, wenn

- in der Jahresabrechnung die im Kalenderjahr unbar gezahlten Beträge nach den begünstigten haushaltsnahen Beschäftigungsverhältnissen, Dienstleistungen und Handwerkerleistungen jeweils gesondert ausgewiesen sind oder der Verwalter der Wohnungseigentümergemeinschaft eine entsprechende Bescheinigung erstellt hat.
- der Anteil der steuerbegünstigten Kosten (Arbeits- und Fahrtkosten) gesondert ausgewiesen ist und der Anteil des jeweiligen Wohnungseigentümers individuell errechnet worden ist.

Hat die Wohnungseigentümergemeinschaft zur Wahrnehmung ihrer Aufgaben und Interessen einen Verwalter bestellt und ergeben sich die erforderlichen oben genannten Angaben nicht bereits aus der Jahresabrechnung, ist der Nachweis der haushaltsnahen Dienstleistungen nach §35a EStG durch eine entsprechende Bescheinigung des Verwalters über den Anteil des jeweiligen Wohnungseigentümers zu erbringen. Der Verwalter muss den Nachweis nach §35a EStG über haushaltsnahe Dienstleistungen oder eine entsprechende Anpassung der Jahresabrechnung nicht kostenlos erstellen. Vielmehr ist er berechtigt, hierfür eine zusätzliche Vergütung zu verlangen. Die Höhe dieser zusätzlichen Vergütung ist nicht gesetzlich festgeschrieben, sondern ist mit dem Hausverwalter individuell zu vereinbaren. Sie beträgt derzeit bis zu 25 Euro für eine Wohnungseinheit im Jahr.

Haushaltsnahe Dienst- und Handwerkerleistungen absetzen 15

Tipp
Der Gesetzgeber gewährt sowohl bei Vermietung als auch bei Selbstnutzung höhere Abschreibungen bei Baudenkmälern sowie Immobilien in einem Sanierungsgebiet (Näheres hierzu im Kapitel »Absetzung für Abnutzung (AfA)«).

Muster für eine Verwalterbescheinigung nach §35a EStG

ARBEITSHILFE ONLINE

(Quelle: Anwendungsschreiben des Bundesfinanzministeriums vom 10.1.2014 (IV C 4-S 2296-b/07/0003:004)
(Name und Anschrift des Verwalters/Vermieters)
(Name und Anschrift des Eigentümers/Mieters)
Anlage zur Jahresabrechnung für das Jahr/Wirtschaftsjahr ...
Ggf. Datum der Beschlussfassung der Jahresabrechnung: ---------------
In der Jahresabrechnung für das nachfolgende Objekt
(Ort, Straße, Hausnummer und ggf. genaue Lagebezeichnung der Wohnung)
sind Ausgaben im Sinne des §35a Einkommensteuergesetz (EStG) enthalten, die wie folgt zu verteilen sind:
A) **Aufwendungen für sozialversicherungspflichtige Beschäftigungen** (§35a Abs. 2 Satz 1 Alt 1 EStG)

Bezeichnung	Gesamtbetrag (in Euro)	Anteil des Miteigentümers/ des Mieters

B) **Aufwendungen für die Inanspruchnahme von haushaltsnahen Dienstleistungen** (§35a Abs. 2 Satz 1 Alt. 2 EStG)

Bezeichnung	Gesamtbetrag (in Euro)	nicht zu berücksichtigende Materialkosten (in Euro)	Aufwendungen bzw. Arbeitskosten (Rdnr. 39, 40) (in Euro)	Anteil des Miteigentümers/ des Mieters

C) **Aufwendungen für die Inanspruchnahme von Handwerkerleistungen für Renovierungs-, Erhaltungs- und Modernisierungsmaßnahmen** (§35a Abs. 3 EStG)

Bezeichnung	Gesamtbetrag (in Euro)	nicht zu berücksichtigende Materialkosten (in Euro)	Aufwendungen bzw. Arbeitskosten (Rdnr. 39, 40) (in Euro)	Anteil des Miteigentümers/ des Mieters

(Ort und Datum) (Unterschrift des Verwalters oder Vermieters)

ARBEITSHILFE ONLINE

Tipp

Eine beispielhafte Aufzählung begünstigter und nicht begünstigter haushaltsnaher Dienstleistungen und Handwerkerleistungen findet sich im Anwendungsschreiben des Bundesfinanzministeriums vom 9.11.2016, IV C 8 – S 2296 – b/07/10003:008 (www.bundesfinazministerium.de). Diese steht als Arbeitshilfe online bereit.

Stichwortverzeichnis

A
Abnahme 40, 111
— Ablauf 115
— förmliche 111
— Gemeinschaftseigentum 122
— konkludente 112
— Rechtsfolge 113
— Teil 113
— Verweigerung 111, 115
Anschaffungskosten 166
anschaffungsnahe Aufwendung 167
Architekt
— Auswahlkriterien 95
— Leistungsphasen 96
— Rechnung 98
Architektenvertrag
— Änderungen im Vertragsrecht ab 2017 158
— Form 95
— Rücktritt 106
arglistige Täuschung durch Verkäufer
— Offenbarungspflichten des Verkäufers 65
— Verjährung 65
Ausschreibung von Bauprojekten 107
außerhalb von Geschäftsräumen geschlossener Vertrag 21

B
Bauablaufplan 102
Bauauftrag 108
Baukontrolle 115
Baupfusch, Schutz 86
Bausummenüberschreitung 103
Bautagebuch 82
Bauträger 71
— Auswahlkriterien 71
— Vermittlungsportale 71

Bauträgervertrag 73, 159
— Eigenleistung 83
— Einzugstermin 77
— VOB/B als Grundlage 74
Bauvertrag
— Sicherheiten für Bauunternehmer 30
Beschaffenheitsvereinbarung 65

D
Dienstvertrag, Unterschied zum Werkvertrag 16

E
Eigenleistung 82
— Wert 84
Energieausweis
— Aussteller 151
— Bedarfsausweis 151
— Verbrauchsausweis 151
Erhaltungsaufwendung 169

F
Fernabsatzvertrag 20, 22

G
Gemeinschaftseigentum
— Durchführung von Instandhaltungs-/Instandsetzungsmaßnahmen 140
— Kostenverteilung für Instandhaltung/-setzung 141
Gerichtsverfahren
— Kosten 57
— zuständiges Gericht 57
Gewährleistungsansprüche
— Abtretung 77
— Verjährung 77, 120

Stichwortverzeichnis

Gewährleistungsausschluss 63, 67
Gewährleistungsbürgschaft 30

H
Handwerker
— Angebotsvergleich 15
— auktion im Internet 20
— Auswahlkriterien 15, 108
— notdienst 34
Handwerkerrechnung 29
— Notdienst 35
— Prüfen der 31
haushaltsnahe Beschäftigungsverhältnisse 171
haushaltsnahe Dienstleistung 171
Herstellungskosten eines Gebäudes 168

I
Immobilienkauf 61
— Mängel an der Immobilie 62
— Objektbesichtigung 61
— Sachverständigengutachten 68
Insolvenz des Bauträgers 75, 91
— Alarmsignale 94
— Schutz 94
Instandhaltung 165
— Definition 139
Instandsetzung
— Definition 128, 139

K
Kaufvertrag
— Änderung im Vertragsrecht ab 2017 159
— Rücktritt 67, 69
— Spielregeln 66
Kleinreparatur 134
Kostenvoranschlag 19, 108
— Kosten 19
— Kostenüberschreitung 19
Kostenvorstellungen des Bauherrn 105
Kündigung eines Bauvertrags 81
— Schriftformerfordernis 155

Kündigung eines Werkvertrags
— aus wichtigem Grund 154
— bei Kostenüberschreitung 19
— bei unterlassener Mitwirkung des Bestellers 28
— ordentliche Kündigung 26

M
Mangel 39
— Mietminderung 126
Mängel
— beschränkte Haftung des Bauträgers 119
— Dokumentation 45
— Fristen zur Beseitigung 119
— Gewährleistungsrechte 41
— Haftung 116
— häufige 116
— Mängelrüge 117, 120
— Minderung des Werklohns 48
— offensichtliche 63
— Rücktritt vom Vertrag 47
— versteckte 63
— Verweigerung der Abnahme und Vorbehalt 41
Minderung des Werklohns
— Musterschreiben 48
Modernisierung 165, 173
— Mieterhöhung 130
— Sonderkündigungsrecht 130

N
Nachbar
— Bauarbeiten 145
Nacherfüllung
— Aufforderung zur (Muster) 43
— Fristsetzung 43
— Kosten 42

S
Sanierung
— Altbauten 61

— sgebiet, steuerliche Absetzbarkeit von Herstellungs- und Instandhaltungskosten 165
— Wohnungseigentum 139
Schadensersatz
— bei Kostenüberschreitung 19
— bei Mängeln 54
— bei Planungsfehlern des Architekten 106
— bei Schäden am Eigentum des Bestellers 28
— bei versteckten Mängeln (Immobilienkauf) 63
— kein Anspruch bei Schwarzarbeit 90
— wegen Nutzungsausfalls 102
Schimmel 131
Selbstvornahme
— Forderung des Ersatzes der Aufwendungen (Muster) 46
— Forderung eines Kostenvorschusses (Muster) 46
steuerliche Absetzbarkeit von Handwerkerkosten
— Anschluss an öffentliches Versorgungsnetzt 173
— in Wohnungseigentümergemeinschaften 176
Streitigkeiten mit Handwerkern
— Verbraucherschlichtung 55
Stundenlohn Handwerker 31

T
Terminverzögerung 27, 101

U
unterlassene Mitwirkung des Bestellers 27

V
Verbraucherbauvertrag, Änderungen 2017 156
Verbraucherschlichtung
— Informationspflichten der Handwerker 55
Verbrauchervertrag für Bauleistungen 152
Verjährung
— Hemmung der 52

W
Werkvertrag
— Auftragsumfang 17
— Fertigstellungstermin 17
— Form 16
— Inhalt 16
Widerruf eines Vertrags
— Ausnahmen vom Widerrufsrecht 22
— Ausübung des Rechts 24
— Widerrufsformular 25
— Widerrufsfrist 23

Z
Zustellen von wichtigen Schreiben 44

Exklusiv für Buchkäufer!

Ihre Arbeitshilfen zum Download:

▶ http://mybook.haufe.de/

▶ **Buchcode:** NYS-4218

 **HAUFE.**

Ihr Feedback ist uns wichtig!
Bitte nehmen Sie sich eine Minute Zeit

www.haufe.de/feedback-buch